蔡元培 等◎著

北大送给青少年的成长课

中国文史出版社

图书在版编目（CIP）数据

北大送给青少年的成长课 / 蔡元培等著. — 北京：
中国文史出版社，2022.9

ISBN 978-7-5205-3588-5

Ⅰ.①北… Ⅱ.①蔡… Ⅲ.①青少年教育—文集
Ⅳ.①G775-53

中国版本图书馆CIP数据核字（2022）第124419号

责任编辑：张春霞

出版发行：中国文史出版社

社　　址：北京市海淀区西八里庄69号院　　邮编：100142

电　　话：010-81136606　81136602　81136603（发行部）

传　　真：010-81136655

印　　装：廊坊市海涛印刷有限公司

经　　销：全国新华书店

开　　本：787mm×1092mm　1/16

印　　张：18.75　　字数：218千字

版　　次：2023年5月第1版

印　　次：2023年5月第1次印刷

定　　价：59.80元

代

序

怎样才配做一个现代学生

蔡元培

　　一般似乎很可爱的青年男女，住着男女同学的学校，就可以算作现代学生吗？或者能读点外国文的书，说几句外国语；或者能够"信口开河"地谈什么……什么主义和什么什么……文学，也配称作现代学生吗？我看，这些都是表面的或次要的问题。我以为至少要具备下列三个条件，才配称作现代学生。

一、狮子样的体力

　　我国自来把读书的人叫作文人，本是因为他们所习的为文事的缘故，不料积久这"文人"两个字和"文弱的人"四个字竟发生了连带的关系。古时文士于礼、乐、书、数之外，尚须学习射、御，未尝不寓武于文。不料到后来，被一般野心帝王专以文字章句愚弄天下儒生，鄙弃武事，把知识阶级的体力继续不断地摧残

1

下去；流毒至今，一般读书人所应有的健康，大都被毁剥了。羸弱父母，哪能生产康强的儿女！先天上既虞不足，而学校教育，又未能十分注意体格的训练，后天上也就大有缺陷。所以现时我国的男女青年的体格，虽略较二十年前的书生稍有进步，但比起东、西洋学生壮健活泼、生机勃茂的样子来，相差真不可以道里计。新近有一位留学西洋多年而回国不久的朋友对我说：他刚从外洋回到上海的时候，在马路上走，简直不敢抬头，因为看见一般孱弱已极、毫无生气的中国男女，不禁发生恐惧和惭愧的感觉。这位朋友的话，并不是随便说说。任何人刚从外国返到中国国境，怕都不免有同样的印象。这虽是就普通的中国人观察，但是学校里的学生也好不了许多。先有健全的身体，然后有健全的思想和事业，这句话无论何人都是承认的，所以学生体力的增进，实在是今日办教育的生死关键。

现今欲求增进中国学生的体力，唯有提倡运动一法。中国废科举办学校，虽已历时二十余年之久，对于体育一项的设备，太不注意。甚至一个学校连操场、球场都没有，至于健身房、游泳池等等关于体育上的设备，更说不上了。运动机会既因无"用武地"而减少，所以往往有聪慧勤学的学生，只因体力衰弱的缘故，纵使不患肺病、神经衰弱病及其他痼疾而青年夭折，也要受精力不强、活动力减少的影响，不能出其所学贡献于社会，前途希望和幸福就从此断送，这是何等可悲痛的事！

今日的学生，便是明日的社会中坚、国家柱石，这样病夫式或准病夫式的学生，焉能担得起异日社会国家的重责！又焉能与外国赳赳武夫的学生争长比短！就拿本年日本举行的第九届远东运动会而论，我国运动员的成绩比起日本来，几乎处处落人之后。较可取巧的足球，日本学生已成为我劲敌。至于最费体力的田径赛，则完全没有我国学生的地位，这又是何等可羞耻的事！

体力的增进，并非一蹴而企。试观东、西洋学生，自小学以至大学，无一日不在锻炼陶冶之中。所以他们的青年，无不嗜好运动，兴趣盎然。一闻赛球，群起而趋。这种习惯的养成，良非易事。而健全国民的基础，乃以确立。这种情形，在初入其国的，尝误认为一种狂癖；观察稍久，方知其影响国本之大。这是我们所应憬然猛醒的。

外人以我国度庞大而不自振作，特赠以"睡狮"的怪号。青年们！醒来吧！赶快恢复你的"狮子样的体力"！好与世界健儿，一较好身手；并且以健全的体力，去运用思想，创造事业！

二、猴子样的敏捷

"敏捷"的意思，简单说起来就是"快"。在这二十世纪的时代做人，总得要做个"快人"才行。譬如赛跑或游泳一样，快的居前，不快的便要落后，这是无可避免的结果。我们中国的文化，在二千年前，便已发展到与现今的中国文化程度距离不远，那时欧洲大陆还是蛮人横行的时代。至美洲尚草莽未辟，更不用说。然而今日又怎样呢？欧洲文化的灿烂，吾人既已瞠乎其后，而美洲则更发展迅速。美利坚合众国立国至今不过一百五十四年，其政治、经济的一切发展，竟有"后来居上"之势。这又是什么缘故呢？这固然是美国的环境好，适于建设，而美国人的举动敏捷，也是他们成功迅速一个最大的原因。吾人试游于美国的都市，汽车、街车等等的风驰电掣不算，就算在大街两旁道上走路的人，也都是迈往直前，绝少左顾右盼、姗姗来迟，像中国人所常有的样子；再到他们的工厂或办事房中去参观，他们也是快手快脚的各忙各的事体。至于学校里的学生，无论在讲堂上、操场上、图书馆里、实验室里，一切行动态度，总是敏捷异常，活泼得很；所以他们能够在一个短时期内学得多、做得多，将来的成就也自然地多起来了。掉转头来看看我国的情形，一般人的行动颠颠迟缓，姑置勿论；就是学校里的学生，读书做事，也大半是一些不灵敏。所以在初中毕业的学生，国文不能畅所欲言；在大学里毕业的学生，未必能看外国文的书籍。这不是由于他们的脑筋迟钝，实在是由于习惯成自然。所以出了学校以后，做起事来，仍旧不能紧张，"从容不迫"地做下去。西洋人可以一天做完的事，中国人非两天或三天不能做完。在效率上相差得这样多，所成就的事体，自然也就不可同日而语了。

关于这种迟缓的不敏捷的行动，我说是一种习惯，而且这种习惯是由于青年时代养成的，并不是没有什么事实上的根据。我们可以用华侨子弟和留学生来作证明：在欧美生长的中国小孩，行动的敏捷，固足与外国小孩相颉颃；而一般留学生，初到外国的时候，总感觉得处处落人之后，走路没有人家快，做事没有人家快，读书没有人家快，在课堂上抄笔记也没有人家写得快、记得多，苦不堪言；但在这样环境中吃得苦头太多了以后，自然而然的一切行动也就渐渐地会变快了。所以留学生回国后一切行动，总比普通一般人要敏捷些。等待他们在百事迟钝的中国环境里住的时间稍长久一点，他们的迟缓的老脾气，或者也会重新发作的。

就拿与人约会或赴宴会做例子，在欧美住过几年的人，初回国的时候，大都是很肯遵守时间，按时而到；后来觉得自己到了，他人迟到，也是于事无益，呆坐着等人，还白白糟蹋了宝贵的时间，不如还是从俗罢。但是这种习惯的误事和不便，是人人所引为遗憾的。尤其是我们的青年人，应当积极纠正的。

青年们呀！现在已经是二十世纪的新时代了！这个时代的特征就是"快"。你看布满了各国大陆的铁道，浮遍了各国海洋的船舰，肉眼可看见的有线电的电线，不可见的无线电的电浪，可以横渡大西洋而远征南、北极的飞机，城市地面上驰骋着的街车与汽车，地面下隧道中通行的火车与电车，以及工厂、农场、公事房、家庭中所有的一切机器，哪一件不是为要想达到"快"的目的而设的。况且凡百科学，无不日新月异地在那里增加发明。我们纵不能自己发明，也得要迎头赶上去、学上去，这都是非快不为功的。

据进化论的昭示，我们人类由猿猴进化而来。却是人类在这比较安舒的环境中，行动渐次变了迟钝，反较猴子略逊一筹，而中国人的颟顸程度更特别的高。以开化最早的资格，现反远居人后，这是多么惭愧的事！现在我们的青年，如要想对于求学、做事两方面，力振颓风，则非学"猴子样的敏捷"，急起直追不可！

三、骆驼样的精神

在中国四万万同胞中，各人所负责任的重大，恐怕要算青年学生首屈一指了！就中国现时所处的可怜地位和可悲的命运而论，我们几乎可以说：凡是可摆脱这种地位、挽回这种命运的事情和责任，直接或间接都是要落在学生们的双肩上。

第一是对于学术的责任：做学生的第一件事就要读书。读书从浅近方面说，是要增加个人的知识和能力，预备在社会上做一个有用的人才；从远大的方面说，是要精研学理，对于社会国家和人类作最有价值的贡献。这种责任是何等的重大！读者要知道一个民族或国家要在世界上立得住脚——而且要光荣地立住——是要以学术为基础的。尤其是，在这竞争激烈的20世纪，更要倚靠学术。所以学术昌明的国家，没有不强盛的；反之，学术幼稚和知识蒙昧的民族，没有不贫弱的。德意志便是一个好例证：德人在欧战时力抗群强，能力固已可惊；大败以后，曾不十年而又重列于第一等国之林，这岂不是由于他们的科学程度特别优越而建设力强所致吗？我们中国人在世界上原来很有贡献的——如发明指南针、印刷术、火药之类——所以现时国力虽不充足，而仍为谈世界文化者所重视。不过经过两千年专制的锢蔽，学术遂致落伍。试问在现代的学术界，我们中国人对于人类幸福有贡献的究竟有几个人呢？无怪人家渐渐地看不起我们了。我们以后要想雪去被人们轻视的耻辱，恢复我们固有的光荣，只有从学术方面努力，提高我们的科学知识，更进一步对世界为一种新的贡献，这些都是不能不首先属望于一般青年学生的。

第二是对于国家的责任：中国今日，外则强邻四逼，已沦于次殖民地的地位；内则政治紊乱，民穷财匮，国家的前途实在太危险了。今后想摆脱列强的羁绊，则非急图取消不平等条约不可。想把国民经济现状改良，使一般国能享独立、自由、富厚的生活，则非使国内政治能上轨道不可。昔日范仲淹为秀才时便以天下为己任，果然有志竟成。现在的学生们，又安可不以国家为己任咧！

第三是对于社会的责任：先有好政治而后有好社会，抑先有好社会而后有好政治？这个问题用不着什么争论的，其实二者是相互影响的，所以学生对于社会也是负有对于政治同等的责任。我们中国的社会是一个很老的社会，一切组织形式及风俗习惯，大都陈旧不堪，违反现代精神而应当改良，这也是要希望学生们努力实行的。因为一般年纪大一点的旧人物，有时纵然看得出、想得到，而以濡染太久的缘故，很少能彻底改革的。所以关于改良未来的社会一层，青年所负的责任也是很大的。

以上所说的各种责任都放在学生们的身上，未免太重一些。不过生在这时的中国学生，是无法避免这些责任的。若不学着"骆驼样的精神"来"任重道远"，又有什么办法呢？

除开上述三种基本条件而外，再加以"崇好美术的素养"，和"自爱""爱人"的美德，便配称作现代学生而无愧了。

目 录

第三章　做一个有修养的人

第四章　人生的责任是使社会进步

第七章　读写的秘诀

第八章　写给青少年

第一章

人生的意义在创造

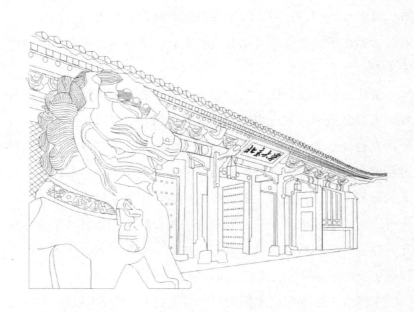

世界观与人生观

蔡元培[*]

世界无涯涘也，而吾人乃于其中占有数尺之地位；世界无终始也，而吾人乃于其中占有数十年之寿命；世界之迁流，如是其繁变也，而吾人乃于其中占有少许之历史。以吾人之一生较之世界，其大小久暂之相去，既不可以数量计，而吾人一生又决不能有几微遁出于世界以外，则吾人非先有一世界观，绝无所容喙于人生观。

虽然，吾人既为世界之一分子，决不能超出世界以外，而考察一客观之世界，则所谓完全之世界观何自而得之乎？曰：凡分子必具有全体之本性，而既为分子，则因其所值之时地而发生种种特性，排去各分子之特性而得一通性，则即全体之本性矣。吾人为世界一分子，凡吾人意识所能接触者无一非世界之分子。研究吾人之意识而求其最后之元素为物质及形式。物质与形式，犹相对待也。超物质形式之畛域而自在者，唯有意志。于是吾人得以意志为世界各分子之通性，而即以是为世界之本性。

本体世界之意志，无所谓鹄的也。何则？一有鹄的，则悬之

---

* 蔡元培（1868—1940），字鹤卿，又字仲申、民友、孑民，浙江绍兴府山阴县（今浙江绍兴）人，清光绪进士。教育家、革命家、政治家。1917年至1927年任北京大学校长，革新北大，开"学术"与"自由"之风。

有其所，达之有其时，而不得不循因果律以为达之之方法，是仍落于形式之中，含有各分子之特性，而不足以为本体。故说者以本体世界为黑暗之意志，或谓之盲瞽之意志，皆所以形容其异于现象世界各各之意志也。现象世界各各之意志，则以回向本体为最后之大鹄的，其间接以达于此大鹄的者，又有无量数之小鹄的，各以其间接于最后大鹄的之远近为其大小之差。

最后之大鹄的何在？曰：合世界之各分子息息相关，无复有彼此之差别，达于现象世界与本体世界相交之一点是也。自宗教家言之，吾人固未尝不可于一瞬间超轶现象世界种种差别之关系，而完全成立为本体世界之大我。然吾人于此时期，既尚有语言文字之交通，则已受范于渐法之中，而不以顿法，于是不得不有所谓种种间接之作用。缀辑此等间接作用，使厘然有系统可寻者，进化史也。

统大地之进化史而观之，无机物之各质点，自自然引力外，殆无特别相互之关系；进而为有机之植物，则能以质点集合之机关共同操作，以行其延年传种之作用；进而为动物，则又于同种类间为亲子朋友之关系，而其分职通功之例视植物为繁。及进而为人类，则由家庭而宗族、而社会、而国家、而国际，其互相关系之形式既日趋于博大，而成绩所留，随举一端，皆有自阂而通、自别而同之趋势。例如昔之工艺，自造之而自用之耳。今则一人之所享受，不知经若干人之手而后成；一人之所操作，不知供若干人之利用。昔之知识，取材于乡土志耳。今则自然界之记录，无远弗届；远之星体之运行，小之原子之变化，皆为科学所管领。由考古学、人类学之互证，而知开明人之祖先与未开化人无异；由进化学之研究，而知人类之祖先与动物无异。是以语言、风俗、宗教、美术之属，无不合大地之人类以相比较。而动物心理、动物言语之属，亦渐为学者所注意。昔之同情，及最近者而止耳。是以同一人类，或状貌稍异，即痛痒不复相关，而甚至于相食；其次则死之，奴之。今则四海兄弟之观念，为人类所公认，而肉食之戒，虐待动物之禁，以渐流布；所谓仁民而爱物者，已成为常识焉。夫已往之世界，经其各分子之经营而进步者，其成绩固已如此，过此以往，不亦可比例而知之欤？

道家之言曰："知足不辱，知止不殆。"又曰："小国寡民，使有什伯之器而不用，使民重死而不远徙，虽有舟舆，无所乘之，虽有甲兵，无所陈之；使民复结绳而用之，甘其食，美其服，安其居，乐其俗；邻国相望，鸡狗之声相闻，民至老死而不相往来。"此皆以目前之幸福言之也。自进化史考之，则人类精神之趋势，乃适与相反。人满之患，虽自昔借为口实，而自昔探险新地者，率生于好奇心，而非为饥寒所迫。南北极苦寒之所，未必于吾侪生活有直接利用之资料，而冒险探极者踵相接。由椎轮而大辂，由桴槎而方舟，足以济不通矣，乃必进而为汽车、汽船及自动车之属。近则飞艇、飞机，更为竞争之的。其构造之初，必有若干之试验者供其牺牲，而初不以及身之不及利用而生悔。文学家、美术家最高尚之著作，被崇拜者或在死后，而初不以及身之不得信用而辍业。用以知：为将来牺牲现在者，又人类之通性也。

人生之初，耕田而食，凿井而饮，谋生之事，至为繁重，无暇为高尚之思想。自机械发明，交通迅速，资生之具，日趋于便利。循是以往，必有菽粟如水火之一日，使人类不复为口腹所累，而得专致力于精神之修养。今虽尚非其时，而纯理之科学，高尚之美术，笃嗜者固已有甚于饥渴，是即他日普及之朕兆也。科学者，所以祛现象世界之障碍，而引致于光明。美术者，所以写本体世界之现象，而提醒其觉性。人类精神之趋向，既毗于是，则其所到达之点，盖可知矣。

然则进化史所以诏吾人者：人类之义务，为群伦不为小己，为将来不为现在，为精神之愉快而非为体魄之享受，固已彰明而较著矣。而世之误读进化史者，乃以人类之大鹄的，为不外乎其一身与种姓之生存，而遂以强者权利为无上之道德。夫使人类果以一身之生存为最大之鹄的，则将如神仙家所主张，而又何有于种姓？如曰人类固以绵延其种姓为最后之鹄的，则必以保持其单纯之种姓为第一义，而同姓相婚，其生不蕃。古今开明民族，往往有几许之混合者。是两者何足以为究竟之鹄乎？孔子曰："生无所息。"庄子曰："造物劳我以生。"诸葛孔明曰："鞠躬尽瘁，死而后已。"是吾身之所以欲生存也。北山愚公之言曰："虽我之死，有子存焉。子又生孙，孙又生子，子又有子，子又有孙，子子孙孙，无穷匮也。而山不加增，何若而不平？"是种姓之所以欲生存也。人类以在此世界有当尽之义务，不得不生存其身体。又以此义务者非数十年之寿命所能竣，而不得不谋其种姓之生存。以图其身体若种姓之生存，而不能不有所资以营养，于是有吸收之权利。又或吾人所以尽义务之身体若种姓，及夫所资以生存之具，无端受外界之侵害，将坐是而失其所以尽义务之自由，于是有抵抗之权利。此正负两式之权利，皆由义务而演出者也。今曰：吾人无所谓义务，而权利则可以无限。是犹同舟共济，非合力不足以达彼岸，乃强有力者以进行为多事，而劫他人所持之棹楫以为己有，岂非颠倒之尤者乎？

昔之哲人，有见于大鹄的之所在，而于其他无量数之小鹄的，又准其距离于大鹄的之远近，以为大小之差。于其常也，大小鹄的并行而不悖。孔子曰："己欲立而立人，己欲达而达人。"孟子曰："好乐，好色，好货，与人同之。"是其义也。于其变也，绌小以申大。尧知子丹朱之不肖，不足授天下。授舜则天下得其利而丹朱病，授丹朱则天下病而丹朱得其利，尧曰，终不以天下之病而利一人，而卒授舜以天下。禹治洪水，十年不窥其家。孔子曰："志士仁人，无求生以害仁，有杀身以成仁。"墨子摩顶放踵，利天下为之。孟子曰："生与义不可得兼，舍生而取义。"范文正曰："一家哭，何如一路哭。"是其义也。循是以往，则所谓人生者，始合于世界进化之公例，而有真正之价值。否则，庄生所谓天地之委形委蜕已耳，何足选也！

人生真义

陈独秀[*]

　　人生在世，究竟为的什么？究竟应该怎样？这两句话实在难回答得很，我们若是不能回答这两句话，糊糊涂涂过了一生，岂不是太无意识吗？自古以来，说明这个道理的人也算不少，大概约有数种：

　　第一是宗教家，像那佛教家说：世界本来是个幻象，人生本来无生；"真如"本性为"无明"所迷，才现出一切生灭幻象；一旦"无明"灭，一切生灭幻象都没有了，还有什么世界，还有什么人生呢？又像那耶稣教说：人类本是上帝用土造成的，死后仍旧变为泥土。那生在世上信从上帝的，灵魂升天；不信上帝的，便魂归地狱，永无超生的希望。

　　第二是哲学家，像那孔、孟一流人物，专以正心、修身、齐家、治国、平天下，做一大道德家、大政治家，为人生最大的目的。又像那老、庄的意见，以为万事万物都应当顺应自然；人生知足，便可常乐，万万不可强求。又像那墨翟主张牺牲自己，利益他人为人生义务。又像那杨朱主张尊重自己的意志，不必对他

*　陈独秀（1879—1942），原名陈庆同，字仲甫，号实庵，安徽怀宁人，新文化运动的倡导者、发起者和主要旗手，中国共产党的主要创始人之一和党的早期主要领导人之一。1917年至1919年，在北京大学任教。

人讲什么道德。又像那德国人尼采也是主张尊重个人的意志，发挥个人的天才，成为一个大艺术家、大事业家，叫作寻常人以上的"超人"，才算是人生目的；什么仁义道德，都是骗人的说法。

第三是科学家。科学家说人类也是自然界一种物质，没有什么灵魂；生存的时候，一切苦乐善恶，都为物质界自然法则所支配；死后物质分散，另变一种作用，没有连续的记忆和知觉。

这些人所说的道理，各个不同。人生在世，究竟为的什么，应该怎样呢？我想佛教家所说的话，未免太迂阔。个人的生灭虽然是幻象，世界人生之全体，能说不是真实存在吗？人生"真如"性中，何以忽然有"无明"呢？既然有了"无明"，众生的"无明"，何以忽然都能灭尽呢？"无明"既然不灭，一切生灭现象何以能免呢？一切生灭现象既不能免，吾人人生在世，便要想想究竟为的什么，应该怎样才是。耶稣教所说，更是凭空捏造，不能证实的了。上帝能造人类，上帝是何物所造呢？上帝有无，既不能证实，那耶稣教的人生观，便完全不足相信了。孔、孟所说的正心、修身、齐家、治国、平天下，只算是人生一种行为和事业，不能包括人生全体的真义。吾人若是专门牺牲自己，利益他人，乃是为他人而生，不是为自己而生，绝非个人生存的根本理由。墨子的思想，也未免太偏了。杨朱和尼采的主张，虽然说破了人生的真相，但照此极端做去，这组织复杂的文明社会，又如何行得过去呢？

人生一世，安命知足，事事听其自然，不去强求，自然是快活得很。但是这种快活的幸福，高等动物反不如下等动物，文明社会反不如野蛮社会。我们中国人受了老、庄的教训，所以退化到这等地步。科学家说人死没有灵魂，生时一切苦乐善恶，都为物质界自然法则所支配，这几句话倒难以驳他。但是我们个人虽是必死的，全民族是不容易死的，全人类更是不容易死的了。全民族、全人类所创的文明事业，留在世界上、写在历史上，传到后代，这不是我们死后连续的记忆和知觉吗？

照这样看起来，我们现在时代的人所见人生真义，可以明白了。今略举如下：

——人生在世，个人是生灭无常的，社会是真实存在的。

——社会的文明幸福，是个人造成的，也是个人应该享受的。

——社会是个人集成的，除去个人，便没有社会，所以个人的意志和快乐，是应该尊重的。

——社会是个人的总寿命。社会解散，个人死后便没有连续的记忆和知觉，所以社会的组织和秩序，是应该尊重的。

——执行意志，满足欲望（自食色以至道德的名誉，都是欲望），是个人生存的根本理由，始终不变的（此处可以说"天不变，道亦不变"）。

——一切宗教、法律、道德、政治，不过是维持社会不得已的方法，非个人所以乐生的原意，可以随着时势变更的。

——人生幸福，是人生自身出力造成的，非是上帝所赐，也不是听其自然所能成就的。若是上帝所赐，何以厚于今人而薄于古人？若是听其自然所能成就，何以世界各民族的幸福不能够一样呢？

——个人之在社会，好像细胞之在人身。生灭无常，新陈代谢，本是理所当然，丝毫不足恐怖。

　　——要享幸福，莫怕痛苦。现在个人的痛苦，有时可以造成未来个人的幸福。譬如有主义的战争所流的血，往往洗去人类或民族的污点；极大的瘟疫，往往促成科学的发达。

　　总而言之，人生在世，究竟为的什么？究竟应该怎样？我敢说道："个人生存的时候，当努力造成幸福，享受幸福，并且留在社会上，后来的个人也能够享受。递相授受，以至无穷。"

死之默想

周作人[*]

四世纪时希腊厌世诗人巴拉达思作有一首小诗道：

你太饶舌了，人啊，不久将睡在地下；
住口吧，你生存时且思索那死。

这是很有意思的话。关于死的问题，我无事时也曾默想过
（但不坐在树下，大抵是在车上），可是想不出什么来——这或者
因为我是个"乐天的诗人"的缘故吧。但其实我何尝一定崇拜死，
有如曹慕管君，不过我不很能够感到死之神秘，所以不觉得有思
索十日十夜之必要，于形而上的方面也就不能有所饶舌了。

窥察世人怕死的原因，自有种种不同，"以愚观之"可以定为
三项，其一是怕死时的苦痛，其二是舍不得人世的快乐，其三是
顾虑家族。苦痛比死还可怕，这是实在的事情。十多年前有一个
远房的伯母，十分困苦，在十二月底想投河寻死（我们乡间的河

* 周作人（1885—1967），原名周櫆寿，后改名周作人，字星杓，号知堂、药堂、独
应等，浙江绍兴人。是鲁迅（周树人）之弟，周建人之兄。中国现代著名散文家、
文学理论家、思想家，中国民俗学开拓人，新文化运动的杰出代表。1918年出任北
京大学教授。

是经冬不冻的），但是投了下去，她随即走了上来，说是因为水太冷了。有些人要笑她痴也未可知，但这却是真实的人情。倘若有人能够切实保证，诚如某生物学家所说，被猛兽咬死痒苏苏的很是愉快，我想一定有许多人裹粮入山去投身饲饿虎了。可惜这一层不能担保，有些对于别项已无留恋的人因此也就不得不稍为踌躇了。

顾虑家族，大约是怕死的原因中之较小者，因为这还有救治的方法。将来如有一日，社会制度稍加改良，除施行善种的节制以外，大家不问老幼可以各尽所能，各取所需，凡平常衣食住，医药教育，均由公给，此上更好地享受再由个人的努力去取得，那么这种顾虑就可以不要，便是夜梦也一定平安得多了。不过我所说的原是空想，实现还不知在几十百千年之后，而且到底未必实现也说不定，那么也终是远水不救近火，没有什么用处。比较确实的办法还是设法发财，也可以救济这个忧虑。为得安闲的死而求发财，倒是很高雅的俗事；只是发财不大容易，不是我们都能做的事，况且天下之富人有了钱便反死不去，则此亦颇有危险也。

人世的快乐自然是很可贪恋的，但这似乎只在青年男女才深切地感到，像我们将近"不惑"的人，尝过了凡人的苦乐，此外别无想做皇帝的野心，也就不觉得还有舍不得的快乐。我现在的快乐只是想在闲时喝一杯清茶，看点新书（虽然近来因为政府替我们储蓄，手头只有买茶的钱），无论他是讲虫鸟的歌唱，或是记贤哲的思想，古今的刻绘，都足以使我感到人生的欣幸。然而朋友来谈天的时候，也就放下书卷，何况"无私神女"的命令呢?

我们看路上许多乞丐，都已没有人生乐趣，却是苦苦地要活着，可见快乐未必是怕死的重大原因；或者舍不得人世的辛苦也足以叫人留恋这个尘世吧。讲到他们，实在已是了无牵挂，大可"来去自由"，实际却不能如此，倘若不是为了上边所说的原因，一定是因为怕河水比彻骨的北风更冷的缘故了。

对于"不死"的问题，又有什么意见呢？因为少年时当过五六年的水兵，头脑中多少受了唯物论的影响，总觉得造不起"不死"这个观念来，虽然我很喜欢听荒唐的神话。即使照神话故事所讲，那种长生不老的生活我也一点儿都不喜欢。住在冷冰冰的金门玉阶的屋里，吃着五香牛肉一类的麟肝凤脯，天天游手好闲，不在松树下下着棋，便同金童玉女厮混，也不见得有什么趣味，况且永远如此，更是单调而且困倦了。又听人说，仙家的时间是与凡人不同的，诗云"山中方七日，世上已千年"，所以烂柯山下的六十年在棋边只是半个时辰耳，哪里会有日子太长之感呢？但是由我看来，仙人活了二百万岁也只抵得人间的四十春秋，这样浪费时间无裨实际的生活，殊不值得费尽了心机去求得他；倘若二百万年后劫波到来，就此溘然，将被五十岁的凡夫所笑。较好一点的还是那西方凤鸟的办法，活上五百年，便尔蜕去，化为幼凤，这样的轮回倒很好玩的——可惜他们是只此一家，别人不能仿作。大约我们还只好在这被容许的时光中，就这平凡的境地中，寻得些许的安闲悦乐，即是无上幸福，至于"死后如何？"的问题，乃是神秘派诗人的领域，我们平凡人对于成仙做鬼都不关心，于此自然就没有什么兴趣了。

生活之艺术

周作人

《契诃夫书简集》中有一节道（那时他在瑷珲附近旅行）："我请一个中国人到酒店里喝烧酒，他在未饮之前举杯向着我和酒店主人及伙计们，说道：'请。'这是中国的礼节。他并不像我们那样的一饮而尽，却是一口一口地啜，每啜一口，吃一点东西；随后给我几个中国铜钱，表示感谢之意。这是一种怪有礼的民族。……"

一口一口地啜，这的确是中国仅存的饮酒的艺术：干杯者不能知酒味，泥醉者不能知微醺之味。中国人对于饮食还知道一点享用之术，但是一般的生活之艺术却早已失传了。中国生活的方式现在只是两个极端，非禁欲即是纵欲，非连酒字都不准说即是浸身在酒槽里，二者互相反动，各益增长，而其结果则是同样的污糟。动物的生活本有自然的调节，中国在千年以前文化发达，一时颇有臻于灵肉一致之象，后来为禁欲思想所战胜，变成现在这样的生活，无自由，无节制，一切在礼教的面具底下实行迫压与放恣，实在所谓礼者早已消灭无存了。

生活不是很容易的事。动物那样的，自然地简易地生活，是其一法；把生活当作一种艺术，微妙地美地生活，又是一法；二者之外别无道路，有之则是禽兽之下的乱调的生活了。生活之艺术只在禁欲与纵欲的调和。蔼理斯对于这个问题很有精到的意见，他排斥宗教的禁欲主义，但以为禁欲亦是人性的一面；欢乐与节制二者并存，且不相反而实相成。人有禁欲的倾向，即所以防欢乐的过量，并即以增欢乐的程度。他在《圣芳济与其他》一篇论文中曾说道："有人以此二者（即禁欲与耽溺）之一为其生活之唯一目的者，其人将在尚未生活之前早已死了。有人先将其一（耽溺）推至极端，再转而之他，其人才真能了解人生是什么，日后将被纪念为模范的高僧。但是始终尊重这二重理想者，那才是知生活法的明智的大师……一切生活是一个建设与破坏，一个进取与付出，一个永远的构成作用与分解作用的循环。要正当地生活，我们须得模仿大自然的豪华与严肃。"他又说过，"生活之艺术，其方法只在于微妙地混合取与舍二者而已"，更是简明地说出这个意思来了。

"生活之艺术"这个名词，用中国固有的字来说便是所谓礼。斯谛耳博士在《仪礼》的序上说："礼节并不单是一套仪式，空虚无用，如后世所沿袭者。这是用以养成自制与整饬的动作之习惯，唯有能领解万物感受一切之心的人才有这样安详的容止。"从前听说辜鸿铭先生批评英文《礼记》译名的不妥当，以为"礼"不是Rite而是Art，当时觉得有点乖僻，其实却是对的，不过这是指本来的礼，后来的礼仪礼教都是堕落了的东西，不足当这个称呼了。中国的礼早已丧失，只有如上文所说，还略存于茶酒之间而已。去年有西人反对上海禁娼，以为妓院是中国文化所在的地方，这句话的确难免有点荒谬，但仔细想来也不无若干理由。我们不必拉扯唐代的官妓、希腊的"女友"（Hetaira）的韵事来作辩护，只想起某人的警句，"中国狎妓如西洋的求婚，中国娶妻如西洋的宿娼"，或者不能不感到《爱之术》（*Ars Amatoria*）真是只存在草野之间了。我们并不同某西人那样要保存妓院，只觉得在有些怪论里边，也常有真实存在罢了。

中国现在所切要的是一种新的自由与新的节制，去建造中国的新文明，也就是复兴千年前的旧文明，也就是与西方文化的基础之希腊文明相合一了。这些话或者说得太大太高了，但据我想舍此中国别无得救之道，宋以来的道学家的禁欲主义总是无用的了，因为这只足以助成纵欲而不能收调节之功。其实这生活的艺术在有礼节重中庸的中国本来不是什么新奇的事物，如《中庸》的起头说："天命之谓性，率性之谓道，修道之谓教。"照我的解说即是很明白的这种主张，不过后代的人都只拿去讲章旨节旨，没有人实行罢了。我不是说半部《中庸》可以济世，但以表示中国可以了解这个思想。日本虽然也很受到宋学的影响，生活上却可以说是承受平安朝的系统，还有许多唐代的流风余韵，因此了解生活之艺术也更是容易。在许多风俗上日本的确保存着艺术的色彩，为我们中国人所不及，但由道学家看来，或者这正是他们的缺点也未可知吧。

科学的人生观

胡适[*]

今天讲的题目，就是"科学的人生观"。研究人是什么东西？在宇宙中占据什么地位？人生究竟有何意味？因为少年人近来觉得很烦闷，自杀、颓废的都有，我比较至少多吃了几斤盐、几担米，所以来计划计划，研究自身人的问题。至于人生观，各人不同，都随环境而改变，不可以一个人的人生观去统理一切。因为公有公理，婆有婆理，我们至少要以科学的立场，去研究它，解决它。"科学的人生观"有两个意思：第一，拿科学作人生观的基础；第二，拿科学的态度、精神、方法，做我们生活的态度，生活的方法。

现在先讲第一点，就是人生是什么？人生是啥物事？拿科学的研究结果来讲，我在民国十二年发表了十条，这十条就是武昌有一个主教，称为新的十诫，说我是中华基督教的危险物的。十条内容如下：

---

* 胡适（1891—1962），字希疆，后改名适，字适之。安徽省绩溪县人，中国现代思想家、文学家、哲学家。1917年，受聘北京大学教授，1946年至1948年，任北京大学校长。

一、要知道空间的大。拿天文、物理考察，得着宇宙之大。从前孙行者翻筋斗，一翻翻到南天门，一翻翻到下界，天的观念，何等的小？现在从地球到银河中间最近的一个星，中间距离，照孙行者一秒钟翻十万八千里的速率计算，恐怕翻一万万年也翻不到，宇宙是何等的大？地球是宇宙间的沧海之一粟，九牛之一毛；我们人类，更是小，真是不成东西的东西！以前看得人的地位太重了，以为是万物之灵，同大地并行，凡是政治不良，就有彗星、地震的征象，这是错的。从前王充很能见得到，说："一个虱子不能改变那裤子里的空气，和那人类不能改变皇天一样。"所以我们眼光要大。

二、时间是无穷的长。从地质学、生物学的研究，晓得时间是无穷的长，以前开口五千年，闭口五千年，以为目空一切；不料世界太阳系的存在，有几万万年的历史，地球也有几万万年，生物至少有几千万年，人类也有二三百万年，所以五千年占很小的地位。明白了时间之长，就可以看见各种进步的演变，不是上帝一刻可以造成的。

三、宇宙间自然的行动。根据了一切科学，知道宇宙、万物都有一定不变的自然行动。"自然自己，也是如此"，就是自己自然如此，各物自己如此的行动，并没有一种背后的指示，或是一个主宰去规范他们。明白了这点，对于月蚀是月亮被天狗所吞的种种迷信，可以打破了。

四、物竞天择的原理。从生物学的智识，可以看到物竞天择的原理。鲫鱼下卵有几百万个，但是变鱼的只有几个，否则就要变成"鱼世界"了！大的吃小的，小的又吃更小的，人类都是如此。从此晓得人生不受安排，是自己如此的行动，否则要安排起来，为什么不安排一个完善的世界呢？

五、人是什么东西。从社会学、生理学、心理学方面去看，人是什么东西？吴稚晖先生说："人是两手一个大脑的动物，与其他的不同，只在程度上的区别罢了。"人类的手，与鸡、鸭的掌差不多，实是它们的弟兄辈。

六、人类是演进的。根据了人种学来看，人类是演进的；因为要应付环境，所以要慢慢地变；不变不能生存，要灭亡了。所以从下等的动物，慢慢演进到高等的动物，现在还是演进。

七、心理受因果律的支配。根据了心理学、生物学来讲，心理现状是有因果律的。思想、做梦，都受因果律的支配，是心理、生理的现象，和头痛一般；所以人的心理说是超过一切，是不对的。

八、道德、礼教的变迁。照生理学、社会学来讲，人类道德、礼教也变迁的。以前以为脚小是美观，但是现在脚小要装大了，所以道德、礼教的观念，正在改进。以二十年、二百年或二千年以前的标准，来判断二十年、二百年、二千年后的状况，是格格不相入的。

九、各物都有反应。照物理、化学来讲，物质是活的，原子分为电子，是动的。石头倘然加了化学品，就有反应，像人打了一记，就有反应一样。不同的，只在程度不同罢了。

十、人的不朽。根据一切科学知识，人是要死的，物质上的腐败，和猫死狗死一般。但是个人不朽的工作，是功德：在立德、立功、立言，善恶都是不朽。一块痰中，有微生物，这菌能散布到空间，使空气都恶化了；人的言语，也是一样。凡是功业、思想，都能传之无穷；匹夫匹妇，都有其不朽的存在。

我们要看破人世间，时间之伟大，历史的无穷，人是最小的动物，处处都在演进，要去掉那小我的主张，但是那小小的人类，居然现在对于制度、政治各种都有进步。

以前都是拿科学去答复一切，现在要用什么方法去解决人生，就是哪般生活。各人有各人的方法，但是，至少要有那科学的方法、精神、态度去做。分四点来讲：

一、怀疑。第一点是怀疑。三个弗相信的态度，人生问题就很多。有了怀疑的态度，就不会上当。以前我们幼时的知识，都从阿金、阿狗、阿毛等黄包车夫、娘姨处学来，但是现在自己要反省，问问以前的知识是否靠得住？有此态度，对于一切学问都不致盲从了。

二、事实。我们要实事求是：现在像贴贴标语，什么打倒田中义一等，都仅务虚名，像豆腐店里生意不好，看看"对我生财"泄闷一样。又像是以前的画符，一画符病就好的思想。贴了打倒帝国主义，帝国主义就真个打倒了么？这不对，我们应做切实的工作，奋力地做去。

三、证据。怀疑以后，相信总要相信，但是相信的条件，就是拿凭据来。有了这一句，论理学诸书，都可以不读。赫胥黎的儿子死了以后，宗教家去劝他信教，但是他很坚决地说："拿有上帝的证据来！"有了这种态度，就不会上当。

四、真理。朝夕地去求真理，不一定要成功，因为真理无穷，宇宙无穷；我们去寻求，是尽一点责任，希望在总分上，加上万万分之一。胜固是可喜，败也不足忧。明知赛跑只有一个人第一，我们还要跑去，不是为我为私，是为大家。发明不是为发财，是为人类。英国有一个医生，发明了一种治肺的药，但是因为自秘，就被医学会开除了。

所以科学家是为求真理。庄子虽有"吾生也有涯，而知也无涯，以有涯随无涯，殆已"的话头，但是我们还要向上做去，得一分就是一分，一寸就是一寸，可以有亚基米特氏发现浮力时叫Eureka的快活，有了这种精神，做人就不会失望。所以人生的意味，全靠你自己的工作；你要它圆就圆，方就方，是有意味；因为真理无穷，趣味无穷，进步快活也无穷尽。

略谈人生观

胡适

　　每个人可以说都有一个"人生观"，我是以先几十年的经验，提供几点意见，供大家思索参考。

　　很多人认为个人主义是洪水猛兽，是可怕的，但我所说的是个平平常常、健全而无害的。干干脆脆的一个个人主义的出发点，不是来自西洋，也不是完全中国的。中国思想上具有健全的个人主义思想，可以与西洋思想互相印证。王安石是个一生自己刻苦，而替国家谋安全之道、为人民谋福利的人，当为非个人主义者，但从他的诗文可以找出他个人主义的人生观，为己的人生观，因为他曾将古代极端为我的杨朱与提倡兼爱的墨子相比，在文章中说"为己是学者之本也，为人是学者之末也。学者之事必先为己为我，其为己有余，则天下事可以为人，不可不为人"。

　　这就是说，一个人在最初的时候应该为自己，在为自己有余的时候，就该为别人，而且不可不为别人。

　　十九世纪的易卜生，他晚年曾给一位年轻的朋友写信说："最期望于你的只有一句话，希望你能做到真正的、纯粹的为我主义，要你有时觉得天下事只有自己最重要，别人不足想，你要想有益于社会最好的办法，就是把你自己这块材料铸成器。"

另外一部自由主义的名著《自由论》，有一章"个性"，也一再地讲人最可贵的是个人的个性，这些话，便是最健全的个人主义。一个人应该把自己培养成器，使自己有了足够的知识、能力与感情之后，才能再去为别人。

孔子的门人子路，有一天问孔子说："怎样才能做成一个君子？"孔子回答说："修己以敬。"这句话的意思，也就是要把自己慎重地培养、训练、教育好的意思。"敬"在古文解释为慎重。子路又说，这样够了吗？孔子回答说："修己以安人。"这句话的意思，就是先把自己培养、训练、教育好了，再为别人。子路又问，这样够了吗？孔子回答说："修己以安百姓。修己以安百姓，尧舜其犹病诸。"这句话的意思就是培养、训练、教育好了自己，再去为百姓，培养好了自己再去为百姓，就是圣人如尧舜，也很不易做到。孔子这一席话，也是以个人主义为起点的。自此可见，从十九世纪到现在，从现在回到孔子时代，差不多都是以修身为本。修身就是把自己训练、培养、教育好，因此个人主义并不是可怕的，尤其是年轻人确立一个人生观，更是需要慎重地把自己这块材料培养、训练、教育成器。

我认为最值得与年轻人谈的便是知识的快乐。一个人怎样能使生活快乐？人生是为追求幸福与快乐的，美国《独立宣言》中曾提及三种东西，即生命、自由、追求幸福。但是人类追求的快乐范围很广，例如财富、婚姻、事业、工作等。但是一个人的快乐，是有粗有细的，我在幼年的时候不用说，但自从有知以来，就认为，人生的快乐，就是知识的快乐，做研究的快乐，找真理的快乐，求证据的快乐。从求知识的欲望与方法中深深体会到人生是有限，知识是无穷的，以有限的人生，去深求无穷的知识，实在是非常快乐的。

两千年前有一位政治家问孔子门人子路说："你的老师是怎样的人？"子路不答。后来孔子知道了，说："你为什么不告诉他，你的老师'其为人也，发愤忘食，乐以忘忧，不知老之将至'。"从孔子这句话，可以体会到知识的乐趣。希腊科学家阿基米德在澡堂洗澡时，想出了如何分析皇冠的金子成分的方法，高兴得赤身从澡堂里跳了出来，沿街跑去，口中喊着："我找到了，我找到了。"这就是说明知识的快乐，一旦发现证据或真理的快乐。英国两位大诗人勃朗宁和丁尼生有两首诗，都是代表十九世纪冒险的、追求新的知识的精神。

最后谈谈社会的宗教说。一个人总是有一种制裁的力量的，相信上帝的人，上帝是他的制裁力量。我们古代讲孝，于是孝便成了宗教，成了制裁。现在在台湾宗教很发达，有人信最高的神，有人信很多的神，许多人为了找安慰都走了宗教的道路。我说的社会宗教，乃是种说法，中国古代有此种观念，就是三不朽：立德，是讲人格与道德；立功，就是建立功业；立言，就是思想语言。在外国也有三个，就是Worth、Work、Words。这三个不朽，没有上帝，亦没有灵魂，但却不十分民主。究竟一个人要立德、立功、立言到何种程度，我认为范围必须扩大，因为人的行为无论为善为恶都是不朽的。我国的古语"流芳百世，遗臭万年"，便是这个意思。因此，我们的行为，一言一行，均应向社会负责，这便是社会的宗教，社会的不朽。我们千万不能叫我们的行为在社会上发生坏的影响，因为即使我们死了，我们留下的坏的影响仍是永久存在的，"我们要一出言不敢忘社会的影响，一举步不敢忘社会的影响"。即使我们在社会上留一白点，但我们也绝对不能留一点污点，社会即是我们的上帝，我们的制裁者。

清 贫 慰 语

郁达夫[*]

洪范五福，二曰富；同时五极，四曰贫。当然，富与贵，是人之所欲；而贫与贱，也是人之所恶的。可是贵者必富，似乎是"自古已然，于今为烈"的定则；因为"子夏贫甚，人曰：'子何不仕？'子夏曰：'诸侯之骄我者，我不为臣，大夫之骄我者，我不复见。'"终而至于悬鹑衣于壁。这定则，在西洋却并不通用。培根论富，也同中国的古圣昔贤一样，以大地为致富之源，但其来也缓慢，而费力也多。其次则他在说商贾之致富，专卖垄断之致富，为役吏或因职业之致富，虽则都可以很快地发财，然而却不高尚。

西哲的视富，也和中国圣人的为富不仁，为仁不富的调子一样。培根的大斥高利贷的地方倒颇有些近世社会主义者所说的剩余价值，与不当利得的倾向。

尤其是说得有趣的，是在讲到财神 Plutus 的势利的一点。他说财神于受到 Jupiter 大神的命令的时候，总缓缓跛行，姗姗而去；

---

* 郁达夫（1896—1945），原名郁文，字达夫，幼名阿凤，浙江富阳人，中国现代作家、革命烈士。曾留学日本，毕业于名古屋第八高等学校（现名古屋大学）和东京帝国大学（现东京大学）。是新文学团体"创造社"的发起人之一，一位为抗日救国而殉难的爱国主义作家。1923年，出任北京大学讲师，讲授统计学。

但一得到死神中之掌财魔王 Pluto 的命令的时候，却飞奔狂跳，唯恐不及了。所以致富之道的最快的手段，是在弄他人至死，而自己因之得财的一条路，譬如得遗产之类，就是。其次则如做恶事，坏良心，行奸邪，施压迫，亦是致富的捷径。总而言之你若想富，你得先弄人贫。散文的祖宗，法国蒙泰纽，在他的一篇《论一人之得就是他人之失》的短文里也说，一位雅典的卖葬式器具者，每以劣货而售重价，因而 Demades 痛斥其为不仁，因他的利益，就系悬在他人的死的上面的。蒙泰纽却又进一步说，不独卖葬具者为然，凡天下之得利者，都该痛斥。商人利用青年的无节制，农夫只想抬高谷价，建筑师希望人家屋倒，讼师唯恐天下没有事，就是善誉者以及牧师，也是因为我们作恶或死人时才有实用。医生决不喜欢人的健康，兵士没有一个是爱和平的。

如此说来，很简单的一句话，是富者都是恶人，善人没有一个不穷的了。因为弄成了我们的穷，然后可以致他的富。不过因节俭而致富，因无中生有的生产而致富，如其富得正当而不害及他人者，又当别论。

那么贫穷的人是不是都可以宝贵的呢？培根先生也在说，对于那些似乎在看不起富的人，也不可一味地轻信，因为他们的看不起富，是实在对于富是绝望了；万一使他们也能得到，那时候他们可又不同了。所以是清而且贫者为上，懒而且贫者次之，孜孜欲富而终得其贫者为最下。像黔娄子的夫妻，庶几可以当得起"清贫"两字的了，且看高士传："黔娄子守道不屈，卒时覆以布被，覆头则足露，覆足则头露。或曰：'斜其被则敛矣！'其妻曰：'斜而有余，不如正而不足！'"

现在一般人的不守清贫，终至卑污堕落的原因，大抵在于女人；若有一位能识得"斜而有余，不如正而不足"的女人在旁，那世界上的争夺，恐怕可以减少一半。

其次则还有一位与势利的财神相对立的公正的死神在那里，无常一到，则王侯将相，乞丐偷儿，都平等了。俗语说："一双空手见阎君！"这实在是穷人的一大安慰；而西洋人的轮回之说比此还要更进一步。耶稣教的轻薄富人，是无所不用其极的；他们说，富者欲入天国，难于骆驼之穿针孔；所以培根也说，财富是德行的行李，譬如行军，辎重财富，是进军之大累也。

就使打破了头，
也还要保持我灵魂的自由

徐志摩[*]

　　照群众行为看起来，中国人是最残忍的民族。照个人行为看起来，中国人大多数是最无耻的个人。慈悲的真义是感觉人类应感觉的感觉，和有胆量来表现内动的同情。中国人只会在杀人场上听小热昏，决不会在法庭上贺喜判决无罪的刑犯；只想把洁白的人齐拉入浑浊的水里，不会原谅拿人格的头颅去撞开地狱门的牺牲精神。只是"幸灾乐祸""投井下石"，不会冒一点子险去分担他人为正义而奋斗的负担。

　　从前在历史上，我们似乎听见过有什么义呀侠呀，什么当仁不让、见义勇为的榜样呀，气节呀，廉洁呀，等等。如今呢，只听见神圣的职业者接受蜜甜的"冰炭敬"，磕拜寿祝福的响头，到处只见拍卖人格"贱卖灵魂"的招贴。这是革命最彰明的成绩，这是华夏民族最动人的广告！

　　"无理想的民族必亡"，是句不刊的真言。我们目前的社会政治走的只是卑污苟且的路，最不能容许的是理想，因为理想好比

*　徐志摩（1897—1931），原名章垿，字槱森，留学美国时改名志摩。浙江海宁硖石（今嘉兴市海宁市硖石街道）人。现代诗人、作家、散文家，新月派诗人，新月诗社成员。1924年至1930年任北京大学教授。

一面大镜子，若然摆在面前，一定照出魑魅魍魉的丑迹。莎士比亚的丑鬼卡立朋（Caliban）有时在海水里照出他自己的尊容，总是恼羞成怒的。

所以每次有理想主义的行为或人格出现，这卑污苟且的社会一定不能容忍；不是拳打脚踢，也总是冷嘲热讽，总要把那三闾大夫硬推入汨罗江底，他们方才放心。

我们从前是儒教国，所以从前理想人格的标准是智仁勇。现在不知道变成什么国了，但目前最普通人格的通性，明明是愚暗残忍懦怯，正得一个反面。但是真理正义是永生不灭的圣火，也许有时遭被蒙盖掩翳罢了。大多数的人一天二十四点钟的时间内，何尝没有一刹那清明之气的回复？但是谁有胆量来想他自己的想，感觉他内动的感觉，表现他正义的冲动呢？

蔡元培所以是个南边人说的"戆大"，愚不可及的一个书呆子，卑污苟且社会里的一个最不合时宜的理想者。所以他的话是没有人能懂的；他的行为是极少数人——如真有——敢表同情的；他的主张，他的理想，尤其是一盆飞旺的炭火，大家怕炙手，如何敢去抓呢？

"小人知进而不知退。"

"不忍为同流合污之苟安。"

"不合作主义。"

"为保持人格起见……"

"生平仅知是非公道，从不以人为单位。"

这些话有多少人能懂？有多少人敢懂？

这样的一个理想者，非失败不可，因为理想者总是失败的。若然理想胜利，那就是卑污苟且的社会政治失败——一个过于奢侈的希望了。

有知识有胆量能感觉的男女同志，应该认明此番风潮是个道德问题；随便彭允彝、京津各报如何淆惑，如何谣传，如何去牵涉政党，总不能淹没这风潮里面一点子理想的火星。要保全这点子小小的火星不灭，是我们的责任，是我们良心上的负担，我们应该积极同情这番拿人格头颅去撞开地狱门的精神！

自 剖

徐志摩

我是个好动的人，每回我身体行动的时候，我的思想也仿佛就跟着跳荡。我做的诗，不论它们是怎样的"无聊"，有不少是在行旅期中想起的。我爱动，爱看动的事物，爱活泼的人，爱水，爱空中的飞鸟，爱车窗外掣过的田野山水。星光的闪动，草叶上露珠的颤动，花须在微风中的摇动，雷雨时云空的变动，大海中波涛的汹涌，都是在触动我感兴的情景。是动，不论是什么性质，就是我的兴趣，我的灵感。是动就会催快我的呼吸，加添我的生命。

近来却大大地变样了。第一我自身的肢体，已不如原先灵活，我的心也同样的感受了不知是年岁还是什么的拘絷。动的现象再不能给我欢喜，给我启示。先前我看着在阳光中闪烁的金波，就仿佛看见了神仙宫阙——什么荒诞美丽的幻觉，不在我的脑中一闪闪地掠过；现在不同了，阳光只是阳光，流波只是流波，任凭景色怎样的灿烂，再也照不化我的呆木的心灵。我的思想，如其偶尔有，也只似岩石上的藤萝，贴着枯干的粗糙的石面，极困难地蜒着；颜色是苍黑的，姿态是倔强的。

我自己也不懂得何以这变迁来得这样的突兀，这样的深彻。原先我在人前自觉竟是一注的流泉，在在有飞沫，在在有闪光；

现在这泉眼，如其还在，仿佛是叫一块石板不留余隙地给镇住了。我再没有先前那样蓬勃的情趣，每回我想说话的时候，就觉着那石块的重压，怎么也掀不动，怎么也推不开，结果只能自安沉默！"你再不用想什么了，你再没有什么可想的了"，"你再不用开口了，你再没有什么话可说的了。"我常觉得我沉闷的心府里有这样半嘲讽半吊唁的谆嘱。

　　说来我思想上或经验上也并不曾经受什么过分剧烈的戟刺。我处境是向来顺的，现在，如其有不同，只是更顺了的。那么为什么这变迁？远的不说，就比如我年前到欧洲去时的心境：啊！我那时还不是一只初长毛角的野鹿？什么颜色不激动我的视觉，什么香味不兴奋我的嗅觉？我记得我在意大利写游记的时候，情绪是何等的活泼，兴趣何等的醇厚，一路来眼见耳听心感的种种，哪一样不活栩栩地丛集在我的笔端，争求充分的表现！如今呢？我这次到南方去，来回也有一个多月的光景，这期内眼见耳听心感的事物也该有不少。我未动身前，又何尝不自喜此去又可以有机会饱餐西湖的风色、邓尉的梅香——单提一两件最合我脾胃的事。有好多朋友也曾期望我在这闲暇的假期中采集一点江南风趣，归来时，至少也该带回一两篇爽口的诗文，给在北京泥土的空气中活命的朋友们一些清醒的消遣。

　　但在事实上不但在南中时我白瞪着大眼，看天亮换天昏，又闭上了眼，拼天昏换天亮，一枝秃笔跟着我涉海去，又跟着我涉海回来，正如岩洞里的一根石笋，压根儿就没一点摇动的消息；就在我回京后这十来天，任凭朋友们怎样地催促，自己良心怎样地责备，我的笔尖上还是滴不出一点墨水来。我也会勉强想想，勉强想写，但到底还是白费！可怕是这心灵骤然的呆钝。完全死了不成？我自己在疑惑。

说来是时局也许有关系，我到京几天就逢着空前的血案。五卅事件发生时我正在意大利山中，采茉莉花编花篮儿玩，翡冷翠山中只见明星与流萤的交唤，花香与山色的温存，俗氛是吹不到的。直到七月间到了伦敦，我才理会国内风光的惨淡，等得我赶回来时，设想中的激昂，又早变成了明日黄花，看得见的痕迹只有满城黄墙上墨彩斑斓的"泣告"！

这回却不同。屠杀的事实不仅是在我住的城子里发现，我有时竟觉得是我自己的灵府里的一个惨象。杀死的不仅是青年们的生命，我自己的思想也仿佛遭着了致命的打击，好比是国务院前的断胫残肢，再也不能恢复生动与连贯。但这深刻的难受在我是无名的，是不能完全解释的。这回事变的奇惨性引起愤慨与悲切是一件事，但同时我们也知道在这根本起变态作用的社会里，什么怪诞的情形都是可能的。屠杀无辜，还不是年来最平常的现象。自从内战纠结以来，在受战祸的区域内，哪一处村落不曾分到过遭奸污的女性，屠残的骨肉，供牺牲的生命财产？这无非是给冤氛围结的地面上多添一团更集中更鲜艳的怨毒。再说哪一个民族的解放史能不浓浓地染着Martyrs的腔血？俄国革命的开幕就是二十年前冬宫的血景。只要我们有能力认定、有胆量实行我们理想中的革命，这回羔羊的血就不会是白涂的，所以我个人的沉闷决不完全是这回惨案引起的感情作用。

爱和平是我的生性。在怨毒、猜忌、残杀的空气中，我的神经每每感受一种不可名状的压迫。记得前年奉直战争时我过的那日子简直是一团黑漆，每晚更深时，独自抱着脑壳伏在书桌上受罪，仿佛整个时代的沉闷盖在我的头顶。一直到写下了"毒药"那几首不成形的咒诅诗以后，我心头的紧张才渐渐地缓和下去。这回又有同样的情形，只觉着烦，只觉着闷，感想来时只是破碎，笔头只是笨滞。结果身体也不舒畅，像是蜡油涂抹住了全身毛窍似的难过，一天过去了又是一天，我这里又在重演更深独坐箍紧脑壳的姿势，窗外皎洁的月光，分明是在嘲讽我内心的枯窘！

不，我还得往更深处挖。我不能叫这时局来替我思想骤然的呆钝负责，我得往我自己生活的底里找去。

平常有几种原因可以影响我们的心灵活动。实际生活的牵掣可以劫去我们心灵所需要的闲暇，积成一种压迫。在某种热烈的向往不曾得满足时，我们感觉精神上的烦闷与焦躁，失望更是颠覆内心平衡的一个大原因；较剧烈的种类可以麻痹我们的灵智，淹没我们的理性。但这些都合不上我的病源，因为我在实际生活里已经得到十分的幸运，我的潜在意识里，我敢说不该有什么压着的欲望在作怪。

但是在实际上反过来看，另有一种情形可以阻塞或是减少你心灵的活动。我们知道舒服、健康、幸福，是人生的目标，我们因此推想我们痛苦的起点是在望见那些目标而得不到的时候。我们常听人说"假如我像某人那样生活无忧我一定可以好好地做事，不比现在整天的精神全花在琐碎的烦恼上"。我们又听说"我不能做事就为身体太坏，若是精神来得，那就……"

我们又常常设想幸福的境界，我们想："只要有一个意中人在跟前那我一定奋发，什么事做不到？"但是不，在事实上，舒服、健康、幸福，不但不一定是帮助或奖励心灵生活的条件，它们有时正得相反的效果。我们看不起有钱人，在社会上得意人，肌肉过分发展的运动家，也正在此；至于年少人幻想中的美满幸福，我敢说等得当真有了红袖添香，你的书也就读不出所以然来，且不说什么在学问上或艺术上更认真地工作。

那么生活的满足是我的病源吗？

"在先前的日子，"一个真知我的朋友，就说，"正为是你生活不得平衡，正为你有欲望不得满足，你的压在内里的Libido就形成一种升华的现象，结果你就借文学来发泄你生理上的郁结（你不常说你从事文学是一件不预期的事吗）；这情形又容易在你的意识里形成一种虚幻的希望，因为你的写作得到一部分赞许，你就自以为确有相当创作的天赋以及独立思想的能力。但你只是自冤自，实在你并没有什么超人一等的天赋，你的设想多半是虚荣，你的以前的成绩只是升华的结果。所以现在等得你生活换了样，感情上有了安顿，你就发现你向来写作的来源顿呈萎缩甚至枯竭的现象；而你又不愿意承认这情形的实在，妄想到你身子以外去找你思想枯窘的原因，所以你就不由得感到深刻的烦闷。你只是对你自己生气，不甘心承认你自己的本相。不，你原来并没有三头六臂的！

"你对文艺并没有真兴趣，对学问并没有真热心。你本来没有什么更高的志愿，除了相当合理的生活，你只配安分做一个平常人，享你命里注定的'幸福'；在事业界，在文艺创作界，在学问界内，全没有你的位置，你真的没有那能耐。不信你只要自问在你心里的心里有没有那无形的'推力'，整天整夜地恼着你，逼着你，督着你，放开实际生活的全部，单望着不可捉摸的创作境界里去冒险？是的，顶明显的关键就是那无形的推力或是冲动（The impulse），没有它人类就没有科学，没有文学，没有艺术，没有一切超越功利实用性质的创作。你知道在国外（国内当然也有，许没那样多）有多少人被这无形的推力驱使着，在实际生活上变成一种离魂病性质的变态动物，不但人们所有的虚荣永远沾不上他们的思想，就连维持生命的睡眠饮食，在他们都失了重要，他们全部的心力只是在他们那无形的推力所指示的特殊方向上集中应用。怪不得有人说天才是疯癫；我们在巴黎、伦敦不就到处碰得着这类怪人？如其他是一个美术家，恼着他的就只怎样可以完全表现他那理想中的形体；一个线条的准确，某种色彩的调谐，在他会得比他生身父母的生死与国家的存亡更重要，更迫切，更要求注意。我们知道专门学者有终身掘坟墓的，研究蚊虫生理的，观察亿万万里外一个星的动定的。并且他们绝不问社会对于他们的劳力有否任何的认识，那就是虚荣的进路，他们是被一点无形的推力的魔鬼蛊定了的。

　　"这是关于文艺创作的话，你自问有没有这种情形。你也许经验过什么'灵感'，那也许有，但你却不要把刹那误认作永久的，虚幻认作真实。至于说思想与真实学问的话，那也得背后有一种推力，方向许不同，性质还是不变。做学问你得有原动的好奇心，得有天然热情的态度去做求知识的功夫。真思想家的准备，除了特强的理智，还得有一种原动的信仰；信仰或寻求信仰，是一切思想的出发点：极端的怀疑派思想也只是期望重新位置信仰的一种努力。从古来没有一个思想家不是宗教性的，在他们，各按各的倾向，一切人生的和理智的问题是实在有的；神的有无，善与恶，本体问题，认识问题，意志自由问题，在他们看来都是含逼迫性的现象，要求合理的解答——比山岭的崇高，水的流动，爱的甜蜜更真，更实在，更耸动。他们的一点心灵，就永远在他们设想的一种或多种问题的周围飞舞、旋绕，正如灯蛾之于火焰：牺牲自身来贯彻火焰中心的秘密，是他们共有的决心。

"这种惨烈的情形，你怕也没有吧？我不说你的心幕上就没有思想的影子，但它们怕只是虚影，像水面上的云影，云过影子就跟着消散，不是石上的溜痕越日久越深刻。

"这样说下来，你倒可以安心了！因为个人最大的悲剧是设想一个虚无的境界来谎骗你自己，骗不到底的时候你就得忍受'幻灭'的莫大的苦痛。与其那样，还不如及早认清自己的深浅，不要把不必要的负担，放上支撑不住的肩背，压坏你自己，还难免旁人的笑话！朋友，不要迷了，定下心来享你现成的福分吧；思想不是你的分，文艺创作不是你的分，独立的事业更不是你的分！天生扛了重担来的那也没法想（哪一个天才不是活受罪），你是原来轻松的，这是多可羡慕、多可贺喜的一个发现！算了吧，朋友！"

再剖

徐志摩

　　你们知道喝醉了想吐吐不出或是吐不爽快的难受不是？这就是我现在的苦恼；肠胃里一阵阵的作恶，腥腻从食道里往上泛，但这喉关偏跟你别扭，它捏住你，逼住你，逗着你——不，它且不给你痛快呢！前天那篇《自剖》，就比是哇出来的几口苦水，过后只是更难受，更觉着往上冒。我告你我想要怎么样。我要孤寂：要一个静极了的地方——森林的中心，山洞里，牢狱的暗室里——再没有外界的影响来逼迫或引诱你的分心，再不需计较旁人的意见，喝彩或是嘲笑；当前唯一的对象是你自己：你的思想，你的感情，你的本性。那时它们再不会躲避，不会隐遁，不会装作；赤裸裸的听凭你察看、检验、审问。你可以放胆解去你最后的一缕遮盖，袒露你最自怜的创伤，最掩讳的私亵。那才是你痛快一吐的机会。

　　但我现在的生活情形不容我有那样一个时机。白天太忙（在人前一个人的灵性永远是蜷缩在壳内的蜗牛），到夜间，比如此刻，静是静了，人可又倦了，惦着明天的事情又不得不早些休息。啊，我真羡慕我台上放着那块唐砖上的佛像，他在他的莲台上瞑目坐着，什么都摇不动他那入定的圆澄。我们只是在烦恼网里过日子的众生，怎敢企望那光明无碍的境界！有鞭子下来，我们躲；

见好吃的，我们垂涎；听声响，我们着忙；逢着痛痒，我们着恼。我们是鼠、是狗、是刺猬、是天上星星与地上泥土间爬着的虫。哪里有工夫，即使你有心想亲近你自己？哪里有机会，即使你想痛快的一吐？

前几天也不知无形中经过几度挣扎，才呕出那几口苦水，这在我虽则难受还是照旧，但多少总算是发泄。事后我私下觉着愧悔，因为我不该拿我一己苦闷的骨鲠，强读者们陪着我吞咽。是苦水就不免熏蒸的恶味，我承认这完全是我自私的行为，不敢望想的。我唯一的解嘲是这几口苦水的确是从我自己的肠胃里呕出——不是去脏水桶里舀来的。我不曾期望同情，我只要朋友们认识我的深浅——（我的浅？）我最怕朋友们的容宠容易形成一种虚拟的期望；我这操刀自剖的一个目的，就在及早解卸我本不该扛上的担负。

是的，我还得往底里按，往更深处剖。

最初我来编辑副刊，我有一个愿心。我想把我自己整个儿交给能容纳我的读者们，我心目中的读者们，说实话，就只这时代的青年。我觉着只有青年们的心窝里有容我的空隙，我要偎着他们的热血，听他们的脉搏。我要在我自己的情感里发现他们的情感，在我自己的思想里反映他们的思想。假如编辑的意义只是选稿、配版、付印、拉稿，那还不如去做银行的伙计——有出息得多。我接受编辑晨副的机会，就为这不单是机械性的一种任务（感谢晨报主人的信任与容忍）。晨报变了我的喇叭，从这管口里我有自由吹弄我古怪的不调谐的音调，它是我的镜子，在这平面上描画出我古怪的不调谐的形状。我也决不掩讳我的原形：

我就是我。记得我第一次与读者们相见，就是一篇供状。我的经过，我的深浅，我的偏见，我的希望，我都曾经再三地声明，怕是你们早听厌了。但初起我有一种期望是真的——期望我自己。也不知那时间为什么原因我竟有那活棱棱的一副勇气。我宣言我自己跳进了这现实的世界，存心想来对准人生的面目认他一个仔细。我信我自己的热心（不是知识）多少可以给我一些对敌力量的。我想拼这一天，把我的血肉与灵魂，放进这现实世界的磨盘里去捱，锯齿下去拉——我就要尝那味儿！只有这样，我想，才可以期望我主办的刊物多少是一个有生命气息的东西，才可以期望在作者与读者间发生一种活的关系，才可以期望读者们觉着这一长条报纸与黑的字印的背后，的确至少有一个活着的人与一个动着的心，他的把握是在你的腕上，他的呼吸吹在你的脸上，他的欢喜，他的惆怅，他的迷惑，他的伤悲，就比是你自己的，的确是从一个可认识的主体上发出来的变化——是站在台上人的姿态——不是投射在白幕上的虚影。

并且我当初也并不是没有我的信念与理想。有我崇拜的德行，有我信仰的原则，有我爱护的事物，也有我痛疾的事物。往理性的方向走，往爱心与同情的方向走，往光明的方向走，往真的方向走，往健康快乐的方向走，往生命，更多更大更高的生命方向走——这是我那时的一点"赤子之心"。我恨的是这时代的病象，什么都是病象：猜忌，诡诈，小巧，倾轧，挑拨，残杀，互杀，自杀，忧愁，作伪，肮脏。我不是医生，不会治病；我就有一双手，趁它们活灵的时候，我想，或许可以替这时代打开几扇窗，多少让空气流通些，浊的毒性的出去，清醒的洁净的进来。

但紧接着我的狂妄的招摇，我最敬畏的一个前辈（看了我的吊刘叔和文）就给我当头一棒：

> ……既立意来办报而且郑重宣言"决意改变我对人的态度"，那么自己的思想就得先磨冶一番，不能单凭主觉，随便说了就算完事。迎上前去，不要又退了回来！一时的兴奋，是无用的，说话越觉得响亮起劲，跳踯有力，其实即是内心的虚弱，何况说出衰颓懊丧的语气，教一般青年看了，更给他们以可怕的影响，似乎不是志摩这番挺身出马的本意！……

"迎上前去，不要又退了回来！"这一喝这几个月来就没有一天不在我"虚弱的内心"里回响。实际上自从我喊出"迎上前去"以后，即使不曾撑开了往后退，至少我自己觉不得我的脚步曾经向前挪动。今天我再不能容我自己这梦梦的下去。算清亏欠，在还算得清的时候，总比窝着浑着强。我不能不自剖。冒着"说出衰颓懊丧的语气"的危险，我不能不利用这反省的锋刃，劈去纠着我心身的累赘、淤积，或许这来倒有自我真得解放的希望！

想来这做人真是奥妙。我信我们的生活至少是复性的。看得见，觉得着的生活是我们的显明的生活，但同时另有一种生活，跟着知识的开豁逐渐胚胎、成形、活动，最后支配前一种的生活，比是我们投在地上的身影，跟着光亮的增加渐渐由模糊化成清晰，形体是不可捉的，但它自有它的奥妙的存在，你动它跟着动，你不动它跟着不动。在实际生活的匆遽中，我们不易辨认另一种无形的生活的并存，正如我们在阴地里不见我们的影子；但到了某时候某境地忽的发现了它，不容否认地踵接着你的脚跟，比如你晚间步月时发现你自己的身影。它是你的性灵的或精神的生活。你觉到你有超实际生活的性灵生活的俄顷，是你一生的一个大关键！你许到极迟才觉悟（有人一辈子不得机会），但你实际生活中的经历、动作、思想，没有一丝一屑不同时在你那跟着长成的性灵生活中留着"对号的存根"，正如你的影子不放过你的一举一动，虽则你不注意到或看不见。

我这时候就比是一个人初次发现他有影子的情形，惊骇、讶异、迷惑、耸悚、猜疑，恍惚同时并起，在这辨认你自身另有一个存在的时候。我这辈子只是在生活的道上盲目的前冲，一时踹入一个泥潭，一时踏折一枝草花，只是这无目的的奔驰；从哪里来，向哪里去，现在在哪里，该怎么走，这些根本的问题却从不曾到我的心上。但这时候突然的，恍然的我惊觉了。仿佛是一向跟着我形体奔波的影子忽然阻住了我的前路，责问我这匆匆的究竟是为什么！

一种新意识的诞生。这来我再不能盲冲，我至少得认明来踪与去迹，该怎样走法如其有目的地，该怎样准备如其前程还在遥远？

啊，我何尝愿意吞这果子，早知有这多的麻烦！现在我第一要考查明白的是这"我"究竟是怎一回事，然后再决定掉落在这生活道上的"我"的赶路方法。以前种种动作是没有这新意识作主宰的，此后，什么都得由它。

给抱怨生活枯燥的朋友

徐志摩

得到你的信，像是掘到了地下的珍藏，一样的稀罕，一样的宝贵。

看你的信，像是看古代的残碑，表面是模糊的，意致却是深微的。

又像是在尼罗河旁边暮夜，在月亮正照着金字塔的时候，梦见一个穿黄金袍服的帝王，对着我作谜语，我知道他的意思，他说："我无非是一个体面的木乃伊。"

又像是我在这重山脚下半夜梦醒时听见松林里夜鹰的 Soprano，可怜的遭人厌毁的鸟，他虽则没有子规那样天赋的妙舌，但我却懂得他的怨愤，他的理想，他的急调是他的嘲讽与咒诅：我知道他怎样地鄙蔑一切，鄙蔑光明，鄙蔑烦嚣的燕雀，也鄙弃自喜的画眉。

又像是我在普陀山发现的一个奇景：外面看是一大块的岩石，但里面却早被海水蚀空，只剩罗汉头似的一个脑壳，每次海涛向这岛身搂抱时，发出极奥妙的音响，像是情话，像是咒诅，像是祈祷，在雕空的石笋、钟乳间呜咽，像大和琴的谐音在皋雪格的古寺的花椽、石楹间回荡——但除非你有耐心与勇气，攀下几重的石岩，俯身下去凝神地查看与倾听，你也许永远不会想象，不必说发现这样的秘密。

又像是……但是我知道，朋友，你已经听够了我的比喻。也许愿意听我自然的嗓音与不做作的语调，不愿意收受用幻想的亮箔包裹着的话，虽则，我不能不补一句，你自己就是最喜欢从一个弯曲的白银喇叭里，吹弄你的古怪的调子。

你说："风大土大，生活干燥。"这话仿佛是一阵奇怪的凉风，使我感觉一个恐惧的战栗；像一团飘零的秋叶，使我的灵魂里掉下一滴悲悯的清泪。

我的记忆里，我似乎自信，并不是没有葡萄酒的颜色与香味，并不是没有妩媚的微笑的痕迹，我想我总可以抵抗你那句灰色的语调的影响——

是的，昨天下午我在田里散步的时候，我不是分明看见两块凶恶的黑云消灭在太阳猛烈的光焰里，五只小山羊，兔子一样的白净，听着她们妈的吩咐在路旁寻草吃，三个捉草的小孩在一个稻屯前抛掷镰刀；自然的活泼给我不少的鼓舞，我对着白云里矗着的宝塔喊说我知道生命是有意趣的。

今天太阳不曾出来。一捆捆灰色的云在空中紧紧地挨着，你的那句话碰巧又来添上了几重云蒙，我又疑惑我昨天的宣言了。

我也觉得奇怪，朋友，何以你那句话在我的心里，竟像白垩涂在玻璃上，这半透明的沉闷是一种很巧妙的刑罚，我差不多要喊痛了。

我向我的窗外望，暗沉沉的一片，也没有月亮，也没有星光，日光更不必想，他早已离别了，那边黑蔚蔚的是林子，树上，我知道，是夜鸦的寓处，树下累累的在初夜的微芒中排列着，我也知道，是坟墓，僵的白骨埋在硬的泥里，磷火也不见一星，这样的静，这样的惨，黑夜的胜利是完全的了。

我闭着眼向我的灵府里问讯，呀，我竟寻不到一个与干燥脱离的生活的意象，干燥像一个影子，永远跟着生活的脚后，又像是葱头的葱管，永远附着在生活的头顶，这是一件奇事。

朋友，我抱歉，我不能答复你的话，虽则我很想，我不是爽恺的西风。吹不散天上的云罗，我手里只有一把粗拙的泥锹，如其有美丽的理想或是希望要埋葬，我的工作倒是现成的——我也有过我的经验。

朋友，我并且恐怕，说到最后，我只得收受你的影响，因为你那句话已经凶狠地咬入我的心里，像个有毒的蝎子，已经沉沉地压在我的心上，像一块盘陀石，我只能忍耐，我只能忍耐……

第二章

有志者事竟成

发愤做一个伟大的人

梁启超[*]

校长、诸位先生、诸位同学：

今天是研究院第一次茶话会，本来早就要开，因王静安先生有不幸的事发生，到上海去了，所以缓后了许久。到今天，大家有个聚会的机会，我很高兴。

我们研究院的宗旨，诸君当已知道，我们觉得校中呆板的教育不能满足我们的要求，想参照原来书院的办法——高一点说，参照从前大师讲学的办法——更加以最新的教育精神。各教授及我自己所以在此服务，实因感觉从前的办法有输入教育界的必要，故本院前途的希望当然是很大的。但希望能否实现，却不全在学校当局，还在诸位同学身上。我所最希望的，是能创造一个新学风，对于学校的缺点加以改正。固然不希望全国跟了我们走，但我们自己总想办出一点成绩让人家看看，使人知道这是值得提倡的。至少总可说，我们的精神可以调和现在的教育界，使将来教育可得一新生命，换一新面目。

现在的学校大都注重在知识方面，却忽略了知识以外之事，

* 梁启超（1873—1929），字卓如，号任公。又号饮冰室主人，广东新会人。清末举人。曾跟随康有为发动"公车上书"，倡导变法维新。百日维新中，参与筹办京师大学堂（今北京大学的前身）。1925年至1929年，任清华国学研究院导师。

无论大学中学小学，都努力于知识的增加。知识究竟增加了没有，那是另一问题，但总可说现在学校只是一个贩卖知识的地方。许多教员从外国回来，充满了知识，都在此发售。学生在教室里若能买得一点，便算好学生，但学问难道只有知识一端吗？知识以外就没有重要的吗？孔子说过："知仁勇三者，天下之达德也。"又说："知者不惑，仁者不忧，勇者不惧。"又说："好学近乎知，力行近乎仁，知耻近乎勇。"这都是知仁勇三者并重的。不但中国古圣贤所言如此，即西国学者也未尝不如此。所谓修养人格锻炼身体，任何一国都不能轻视。现在中国的教育真糟，中国原有的精神固已荡然，西洋的精神也未取得，而且政治不良，学校无生气，连知识也不能贩卖了。故我们更感到创造新学风的必要。本院同学一部分是受过大学教育的，一部分是从名师研究有素的，在全国教育界占最高位置。受到这种最高教育的人，当然不能看轻自己，从本院产生一个新学风，是我们唯一的责任，若仍旧很无聊地冒充知识分子，便不必在此修学。既到这里，当立志很高，要做现代一个有价值的人，乃至千百世的一个有价值的人。《孟子》说："士何事？曰：尚志。"孔子说："吾十有五而志于学。"立志高的人犹恐未必成功，何况立志不高的人。诸同学既在这全国最高学府内修业，必当发愤做一个伟大的人——小之在一国，大之在世界，小之在一时，大之在千古。

所谓伟大的人，必如何而可，不能不下一解释。这并不看他地位之高低与事业之大小来断定，若能在我自己所做的范围以内，做到理想中最圆满的地位，便算伟大。从前日本一个老学者，在日俄大战以后，说东乡大将的功劳与做皮靴的工人一样，因为没有大将固不能战胜俄国，然没有好的皮靴也不能战胜。所以不能拿事情的大小来比较价值的高低，只要在自己所做的事业中做一个第一流的人物，便算了不得。诸同学出校后若做政治家，便当做第一流的政治家，不要做一个腐败的官僚；若做学问家，便当做第一流的学问家，能发前人所未发而有益于后人；若做教员，便当做第一流的教员，中小学教员不算寒酸，大学教员不算阔，第一流的小学教员，远胜于滥竽的大学教员。总之，无论做何事，必须真做得好，在这一界内必做到第一流，诸位必须把理想的身份提高。孟子说："孔子不得中道而与之，必也狂狷乎，狂者进取，狷者有所不为也。"又说："孔子岂不欲中道哉，不可必得，故思其次也。"他说狂者"其志嘐嘐然，曰古之人，古之人，夷考其行而不掩焉者也"。孔子门弟子如曾点，年纪与孔子差不多，可以说是一个狂者，然孔子很奖励他。所以我们要把志气提高，自己像这样做，做不到不要紧，但不要学一般时髦人，必要自己真有所成就。做人必须做一个世界上必不可少的人，著书必须著一部世界上必不可少的书，这是我们常常要提醒的。

本源既立，我们便要下一番绵密的工夫来修养。大约有两个方法：一是因性之所近的来扩充，二是就自己所短的来矫正。第一法是孟子的主张，第二法是荀子的主张，我们当二法并用。一方面要看出自己长于哪一点，竭力去发挥，便容易成功，修养道德是如此，砥砺学问也如此。但一方面要注意自己的短处，我们总不能没有缺点，或苦于不自知，或知而怯于矫正。孔子说颜渊死了便无好学的人，而所谓好学，即"不二过，不迁怒"二句。这是说缺点当勇于改正，自己不知，若经师友告知，当立刻改去，这是古圣贤终生修己教人的工夫，也是学问天天进步的基础，便是年纪老了，也不停止。尤其在青年的时候，当如何磨砺，才把底子打好。

现在学校教育真可痛心，无法令青年养成这种习惯。小学教育，我不很明了，中学教育，从不注意到修养方面，整天摇铃上课，摇铃下课，尽在历史地理物理化学转来转去。安分守己的青年尚可得些机械的知识，然出校后也无处找饭吃，找不到便要颓废下去，幸而找到则混了几十年便算过了一世。还有对于政治运动很热心的，连机械的功课也无心听了。政治固当注意，但学无根底，最易堕落，或者替官僚奔走，或勾结军阀，承望他们的颜色，做个秘书，这是最糟的。激烈的便只知破坏一切以攫取政权，若能达到目的，便什么坏事都可做。这派人的领袖既如此，青年自然也跟着这个方向去。

在此黑暗的时代，青年以为实力派更糟，与其向这"黑"的方面走，不如向"赤"的方面走。不要说青年如此，便是我五十多岁的人，觉得既无第二派，自然不趋于黑而趋于赤。青年若能心地洁白，抱定正当目的去干破坏的事业，坚持到底，也还不妨。但千百人中恐无一人能如此，少有成功便趾高气扬，偶有失败便垂头丧气，或投降军阀，什么坏事都能干出。这黑与赤的两条路都是死路，青年不入于彼，即入于此，若将来的青年仍如此，则国家便没有希望了。我们五十多岁的人不要紧，至多不过二十年，好事也做不多，坏事也做不多。青年日子正长，青年无望，则国家的文化便破产了。

全国青年都在这状态之下，本院同学的责任特别重。诸君在全国青年中虽占少数，但既处于最高地位，自当很勇敢的负此担子，跳出来细查一般青年的缺点，从事于移风易俗的工作。若大家有此志，当可成功。古圣贤一二人可开一新风气，何况我们有三四十人，三人为众，三十人便十倍了。且学校生命是很长的，一年三十人，十年便三百人，出校后若能互通声气，立志创造新学风，不怕一般青年怎样堕落，我们发心愿来改正，终有成功的一日。诸位在此切实预备，在知识外要注意修养，或同学间互相切磋，或取师长的行动做模范，将来在社会上都能做第一流人物，便可不辜负学校当局创办本院的好意及各位教授在此服务的苦心了。

人生之途的两种走法

鲁迅[*]

广平兄：

今天收到来信，有些问题恐怕我答不出，姑且写下去看。

学风如何，我以为和政治状态及社会情形相关的，倘在山林中，该可以比城市好一点，只要办事人员好。但若政治昏暗，好的人也不能做办事人员，学生在学校中，只是少听到一些可厌的新闻，待到出校和社会接触，仍然要苦痛，仍然要堕落，无非略有迟早之分。所以我的意思，倒不如在都市中，要堕落的从速堕落吧，要苦痛的速速苦痛吧，否则从较为宁静的地方突然到闹处，也须意外地吃惊受苦，其苦痛之总量，与本在都市者略同。

学校的情形，向来如此，但一二十年前，看去仿佛较好者，因为足够办学资格的人们不很多，因而竞争也不猛烈的缘故。现在可多了，竞争也猛烈了，于是坏脾气也就彻底显出。教育界的清高，本是粉饰之谈，其实和别的什么界都一样，人的气质不大容易改变，进几年大学是无甚效力的，况且又有这样的环境，正如人身的血液一坏，体中的一部分绝不能独保健康一样，教育界

---

* 鲁迅（1881—1936），原名周樟寿，后改名周树人，字豫山，后改字豫才，浙江绍兴人。著名文学家、思想家、革命家、教育家、民主战士，新文化运动的重要参与者，中国现代文学的奠基人之一。1920年，在北京大学讲授中国小说史。

也不会在这样的民国里特别清高的。

所以，学校之不甚高明，其实由来已久，加以金钱的魔力，本是非常之大，而中国又是向来善于运用金钱诱惑法术的地方，于是自然就成了这现象。听说现在是中学校也有这样的了，间有例外者，大概即因年龄太小，还未感到经济困难或花费的必要之故罢。至于传入女校，当是近来的事，大概其起因，当在女性已经自觉到经济独立的必要，所以获得这独立的方法，不外两途，一是力争，一是巧取，前一法很费力，于是就堕入后一手段去，就是略一清醒，又复昏睡了。可是这不独女界，男人也都如此，所不同者巧取之外，还有豪夺而已。

我其实哪里会"立地成佛"，许多烟卷，不过是麻醉药，烟雾中也没有见过极乐世界。假使我真有指导青年的本领——无论指导的错不错——我绝不藏匿起来，但可惜我连自己也没有指南针，到现在还是乱闯，倘若闯入深渊，自己有自己负责，领着别人又怎么好呢，我之怕上讲台讲空话者就为此。记得有一种小说里攻击牧师，说有一个乡下女人，向牧师历诉困苦的半生，请他救助，牧师听毕答道："忍着罢，上帝使你在生前受苦，死后定当赐福的。"其实古今的圣贤以及哲人学者之所说，何尝能比这高明些。他们之所谓"将来"，不就是牧师之所谓"死后"么。我所知道的话就全是这样，我不相信，但自己也并无更好的解释。章锡琛先生的答话是一定要模糊的，听说他自己在书铺子里做伙计，就时常叫苦连天。

我想，苦痛是总与人生连带的，但也有离开的时候，就是当熟睡之际。醒的时候要免去若干苦痛，中国的老法子是"骄傲"与"玩世不恭",我觉得我自己就有这毛病,不大好。苦茶加"糖",其苦之量如故,只是聊胜于无糖,但这糖就不容易找到,我不知道在哪里,这一节只好交白卷了。

以上许多话,仍等于章锡琛,我再说我自己如何在世上混过去的方法,以供参考罢——

一、走"人生"的长途,最易遇到的有两大难关。其一是"歧路",倘是墨翟先生,相传是恸哭而返的。但我不哭也不返,先在歧路头坐下,歇一会儿,或者睡一觉,于是选一条似乎可走的路再走,倘遇见老实人,也许夺他食物充饥,但是不问路,因为我知道他并不知道的。如果遇见老虎,我就爬上树去,等它饿得走去了再下来,倘它竟不走,我就自己饿死在树上,而且先用带子缚住,连死尸也决不给它吃。但倘若没有树呢?那么,没有法子,只好请它吃了,但也不妨也咬它一口。其二便是"穷途"了,听说阮籍先生也大哭而回,我却也像歧路上的办法一样,还是跨进去,在刺丛里姑且走走。但我也并未遇到全是荆棘毫无可走的地方过,不知道是否世上本无所谓穷途,还是我幸而没有遇着。

二、对于社会的战斗,我是并不挺身而出的,我不劝别人牺牲什么之类者就为此。欧战的时候,最重"壕堑战",战士伏在壕中,有时吸烟,也唱歌,打纸牌,喝酒,也在壕内开美术展览会,但有时忽向敌人开他几枪。中国多暗箭,挺身而出的勇士容易丧命,这种战法是必要的罢。但恐怕也有时会逼到非短兵相接不可的,这时候,没有法子,就短兵相接。

总结起来,我自己对于苦闷的办法,是专与苦痛捣乱,将无赖手段当作胜利，硬唱凯歌，算是乐趣，这或者就是糖罢。但临末也还是归结到"没有法子"，这真是没有法子！

以上，我自己的办法说完了，就不过如此，而且近于游戏，不像步步走在人生的正轨上（人生或者有正轨罢，但我不知道）。我相信写了出来，未必于你有用，但我也只能写出这些罢了。

鲁迅。三月十一日

改变人生的态度

蒋梦麟[*]

　　我生在这个世界，对于我的生活，必有一个态度；我的能力，就从那方面用。人类有自觉心后，就生这个态度。这个态度变迁，人类用力的方向，也就变迁。

　　希腊时代，那半岛的人民，抱美感生活的态度。"美是希腊做人的中心点。"（Dickinson：Greek View of Life，p.187）"无论宗教、伦理、体育和种种人生的活动，都不能和美感分离。"（Ibid.，p.728）"希腊的神。以世间最美丽的东西代表他。"（Maxims of Tyie）希腊人对于生活抱着美的态度，所以产生许多美术品和美的哲学，希腊文明就成了近世西洋文明的基础。罗马时代，人民对于生活，抱造成伟业的态度，所以建雄伟的国家，统一的法律，宏伟的建筑，广阔的道路。凡读史的人，哪一个不仰慕罗马人的伟业呢？罗马帝国灭亡，中古世起，一千年中，欧洲在黑暗里边。那时候人民对于生活的态度，是在空中天国，这个世界是忘却了。所以这千年中，这世界毫无进步。

　　十五世纪初，文运复兴（通译文艺复兴），这态度大变。中

---

[*]　蒋梦麟（1886—1964），原名梦熊，字兆贤，号孟邻，浙江余姚人，中国近现代著名教育家。曾任国民政府第一任教育部长、行政院秘书长，1919年到1945年任北京大学教授、校长。

古世人的态度，是神学的，是他世界的，文运复兴时代人的态度，是这世界的，是承认活泼的个人的，丹麦哲学家霍夫丁氏（Höffding）著《近世哲学史》，对于文运复兴说道：

> 文运复兴是一个时代，在这一时代内，中古世狭窄生活的观念，是打破了。新天新地生出来，新能力发展起来。凡新时代必含两时期，（一）从旧势力里面解放出来，（二）新生活发展起来。（Vol.I.p.3）
>
> 文运复兴的起始，是要求人类本性的权利，后来引到发展自然界的新观念和研究的新方法。（p.9）

这个人类生活的新态度，把做人的方向基本上改变了，成一个新人生观。这新人生观，生出一个新宇宙观。有这新人生观，所以这许多美术、哲学、文学蓬蓬勃勃地开放出来。有这新宇宙观，所以自然科学就讲究起来。人类生活的态度，因为生了基本的变迁，所以酿成文运复兴时代。

> 西洋人民，自文运复兴时代改变生活以后，一向从那方面走——从发展人类的本性和自然科学的方面走——愈演愈大，酿成十六世纪的大改革，十八世纪的大光明，十九世纪的科学时代，二十世纪的平民主义。大改革是什么呢？宗教里边。闹出了一个发展人类的本性问题。大光明是什么呢？政治里边。闹出一个发展人类的本性问题。科学时代是什么呢？要战胜天然。使地上的天产为人类丰富生活的应用。

当人类以旧习惯、旧思想、旧生活为满足的时候，其态度不过保守旧有的文物制度。把一切的感情都束缚住了；这活泼泼的人，一旦从绳索里跳出来，好像一头牛跑到瓷器店里，把那高阁的盆碗都撞破了。所以人的感情一旦解放，就把那旧有的文物制度都打破。

文运复兴、大改革、大光明、科学时代，都是限于中等社会以上的。文运复兴不过限于几个文学家、美术家、哲学家的活动。大改革、大光明也不到中等社会以下的平民。科学的应用，也不过限于有财资的少数人。所以世界进化，要产出二十世纪的平民主义来。托尔斯泰说：

> 近世的医学新发明，医院、摩托车和种种科学上的发明，都是为富人应用的，平民哪得享受这些权利；故我以为真科学不是这些物质科学。真科学是孔子、耶稣、佛的科学（按此指尊重人道而言）（Tolstoi：What is to be Done？）。

从文运复兴人类生活抱新态度为起点，这六百年中，欧洲演出了多少事。请问我国于元、明、清三朝内，做些什么？朝代转移，生活的态度不变，跑来跑去，终跑不出个小生活的范围。

我要问一句，活泼泼的人到哪里去了？你有感情，为何不解放？你有思想，为何不解放？你所具人类本性的权利放弃了，为何不要求？

"五四"学生运动，就是这解放的起点，改变你做人的态度，造成中国的文运复兴；解放感情，解放思想，要求人类本性的权利。这样做去，我心目中见那活泼泼的青年，具丰富的红血轮，优美和快乐的感情，敏捷锋利的思想，勇往直前，把中国萎靡不振的社会、糊糊涂涂的思想、畏畏缩缩的感情，都一一扫除，凡此等等，若非从基本上改变生活的态度做起，东补烂壁，西糊破窗，愈补愈烂，愈糊愈破；怎样得了！

读了上文后，于人生态度，改变的必要，大概明白了。我现在把这个意思收束起，简单地提两个问题：

人生的态度从哪一个方向改变呢？

　　从小人生观到大人生观——从狭窄的生活到广阔的生活；从薄弱的生活到丰富的生活；从简单的生活到复杂的生活。
　　从家族的生活到社会的生活。
　　从单独的生活到团体的生活。
　　从模仿的生活到创造的生活。
　　从古训的生活到自由思想的生活。
　　从朴陋的生活到感美的生活。

人生的态度用什么方法来改变呢？

　　推翻旧习惯、旧思想。
　　研究西洋文学、哲学、科学、美术。
　　把自己认作活泼泼的一个人。

旧己譬如昨日死，新己譬如今日生。要文运复兴，先要把自己复生。

谈 立 志

朱光潜*

　　抗战以前与抗战以来的青年心理有一个很显然的分别：抗战以前，普通青年的心理变态是烦闷；抗战以来，普通青年的心理变态是消沉。烦闷大半起于理想与事实的冲突。在抗战以前，青年对于自己前途有一个理想，要有一个很好的环境求学，再有一个很好的职业做事；对于国家民族也有一个理想，要把侵略的外力打倒，建设一个新的社会秩序。这两种理想在当时都似很不容易实现，于是他们急躁不耐烦、失望，以至于苦闷。抗战发生时，我们民族毅然决然地拼全副力量来抵挡侵略的敌人，青年们都兴奋了一阵，积压许久的郁闷为之一畅。但是这种兴奋到现在似已逐渐冷静下去，国家民族的前途比从前光明，个人求学就业也比从前容易，虽然大家都硬着脖子在吃苦，可是振作的精神似乎很缺乏。在学校的学生们对功课很敷衍，出了学校就职业的人们对事业也很敷衍，对于国家大事和世界政局没有像从前那样关切。这是一个很令人忧虑的现象，因为横在我们面前的还有比抗敌更艰难的局面，需要更坚决、更沉着的努力来应付，而我们青年现

* 朱光潜（1897—1986），字孟实，安徽省桐城（今安徽枞阳县麒麟镇岱鳌村朱家老屋）人，现当代著名美学家、文艺理论家、教育家、翻译家。1933年后在北京大学任教，主要讲授美学与西方文学，是北京大学一级教授。

在所表现的精神显然不足以应付这种艰难的局面。

如果换个方式来说，从前的青年人病在志气太大，目前的青年人病在志气太小，甚至于无志气。志气太大，理想过高，事实迎不上头来，结果自然是失望烦闷；志气太小，因循苟且，麻木消沉，结果就必至于堕落。所以我们宁愿青年烦闷，不愿青年消沉。烦闷至少是对于现实的欠缺还有敏感，还可以激起努力；消沉对于现实的欠缺就根本麻木不仁，绝不会引起改善的企图。但是说到究竟，烦闷之于消沉也不过是此胜于彼，烦闷的结果往往是消沉，犹如消沉的结果往往是堕落。目前青年的消沉与前五六年青年的烦闷似不无关系。烦闷是耗费心力的，心力耗费完了，连烦闷也不曾有，那便是消沉。

一个人不会生来就烦闷或消沉的，因为人都有生气，而生气需要发扬，需要活动。有生气而不能发扬，或是活动遇到阻碍，才会烦闷和消沉。烦闷是感觉到困难，消沉是无力征服困难而自甘失败。这两种心理病态都是挫折以后的反应。一个人如果经得起挫折，就不会起这种心理变态。所谓经不起挫折，就是没有决心和勇气，就是意志薄弱。意志薄弱经不起挫折的人往往有一套自宽自解的话，就是把所有的过错都推诿到环境。明明是自己无能，而埋怨环境不允许我显本领；明明是自己甘心做坏人，而埋怨环境不允许我做好人。这其实是懦夫的心理，对于自己全不肯负责任。环境永远不会美满的，万一它生来就美满，人的成就也就无甚价值。人所以可贵，就在他不像猪豚，被饲而肥，他能够不安于污浊的环境，拿力量来改变它、征服它。

普通人的毛病在责人太严，责己太宽。埋怨环境还由于缺乏自省自责的习惯。自己的责任必须自己担当起，成功是我的成功，失败也是我的失败。每个人是他自己的造化主，环境不足畏，犹如命运不足信。我们的民族需要自力更生，我们每个人也是如此。我们的青年必须先有这种觉悟，个人和国家民族的前途才有希望。能责备自己，信赖自己，然后自己才会打出一个江山来。

我们有一句老话："有志者事竟成。"这话说得很好，古今中外在任何方面经过艰苦奋斗而成功的英雄豪杰都可以做例证。志之成就是理想的实现。人为的事实都必基于理想，没有理想绝不能成为人为的事实。譬如登山，先须存念头去登，然后一步一步地走上去，最后才会到达目的地。如果根本不起登的念头，登的事实自无从发生。这是浅例。世间许多行尸走肉浪费了他们的生命，就因为他们对于自己应该做的事不起念头。许多以教育为事业的人根本不起念头去研究，许多以政治为事业的人根本不起念头为国民谋幸福。我们的文化落后，社会紊乱，不就由于这个极简单的原因吗？这就是上文所谓"消沉""无志气"。有志者事竟成，无志者事就不成。

不过"有志者事竟成"一句话也很容易发生误解，"志"字有几种意义：一是念头或愿望（wish），一是起一个动作时所存的目的（purpose），一是达到目的的决心（will，determination）。譬如登山，先起登的念头，次要一步一步地走，而这走必步步以登为目的，路也许长，障碍也许多，须抱定决心，不达目的不止，然后登的愿望才可以实现，登的目的才可以达到。"有志者事竟成"的"志"，须包含这三种意义在内：第一要起念头，第二要认清目的和达到目的之方法，第三是抱必达目的之决心。很显然的，要事之成，其难不在起念头，而在目的之认识与达到目的之决心。

有些人误解立志只是起念头。一个小孩子说他将来要做大总统，一个乞丐说他成了大阔佬要砍他的仇人的脑袋，所谓"癫蛤蟆想吃天鹅肉"，完全不思量达到这种目的所必有的方法或步骤，更不抱定循这方法步骤去达到目的之决心，这只是狂妄，不能算是立志。世间有许多人不肯学乘除加减而想将来做算学的发明家；不学军事、学当兵打仗而想将来做大元帅东征西讨；不切实培养学问技术而想将来做革命家改造社会，都是犯这种狂妄的毛病。

如果以起念头为立志，则有志者事竟不成之例甚多。愚公尽可移山，精卫尽可填海，而世间确实有不可能的事情。我们必须承认"不可能"的真实性。所谓"不可能"，就是俗语所谓"没有办法"，没有一个方法和步骤去达到所悬想的目的。没有认清方法和步骤而想达到那个目的，那只是痴想而不是立志。志就是理想，而理想的理想必定是可实现的理想。理想一般有两种意义，一是"可望而不可攀，可幻想而不可实现的完美"，比如许多宗教都以长生不老为人生理想，它成为理想，就因为事实上没有人长生不老。理想的另一意义是"一个问题的最完美的答案"，或是"可能范围以内的最圆满的解决困难的办法"。比如长生不老虽非人力所能达到，而强健却是人力所能达到的，就人的能力范围来说，强健是一个合理的理想。这两种意义的分别在一个蔑视事实条件，一个顾到事实条件；一个渺茫无稽，一个有方法步骤可循。严格地说，前一种是幻想、痴想而不是理想，是理想都必顾到事实。在理想与事实起冲突时，错处不在事实而在理想。我们必须接受事实，理想与事实背驰时，我们应该改变理想。坚持一种不合理的理想而至死不变只是匹夫之勇，只是"猪武"。我特别着重这一点，因为有些道德家在盲目地说坚持理想，许多人在盲目地听。

我们固然要立志，同时也要度德量力。卢梭在他的教育名著《爱弥儿》里有一段很透辟的话，大意是说人生幸福起于愿望与能力的平衡。一个人应该从幼时就学会在自己能力范围以内起愿望，想做自己所能做的事，也能做自己所想做的事。这番话出诸浪漫色彩很深的卢梭尤其值得我们玩味。卢梭自己有时想入非非，因此吃过不少的苦头，这番话实在是经验之谈。许多烦闷，许多失败，都起于想做自己所不能做的事，或是不能做自己所想做的事。

志气成就了许多人，志气也毁坏了许多人。既是志，实现必不在目前而在将来。许多人拿立志远大做借口，把目前应做的事延宕贻误。尤其是青年们欢喜在遥远的未来摆一个黄金时代，把希望全寄托在那上面，终日沉醉在迷梦里，让目前宝贵的时光与机会错过，徒贻日后无穷之悔。我自己从前有机会学希腊文和意大利文时，没有下手，买了许多文法读本，心想到四十岁左右时当有闲暇岁月，许我从容自在地自修这些重要的文字，现在四十过了几年了，看来这一生似不能与希腊文和意大利文有缘分了，那箱书籍也恐怕只有摆在那里霉烂了。这只是一例。我生平有许多事叫我追悔，大半都像这样"志在将来"而转眼即空空过去。"延"与"误"永是连在一起，而所谓"志"往往叫我们由"延"而"误"。所谓真正立志，不仅要接受现在的事实，尤其要抓住现在的机会。如果立志要做一件事，那件事的成功尽管在很远的将来，而那件事的发动必须就在目前一顷刻。想到应该做，马上就做，不然，就不必发下一个空头愿。发空头愿成了一个习惯，一个人就会永远在幻想中过活，成就不了任何事业，听说抽鸦片烟的人想头最多，意志力也最薄弱。老是在幻想中过活的人在精神方面颇类似烟鬼。

我在很早的一篇文章里提出我个人做人的信条，现在想起，觉得其中仍有可取之处，现在不妨趁此再提出供读者参考。我把我的信条叫作"三此主义"，就是此身、此时、此地。一、此身应该做而且能够做的事，就得由此身担当起，不推诿给旁人。二、此时应该做而且能够做的事，就得在此时做，不拖延到未来。三、此地（我的地位，我的环境）应该做而且能够做的事，就得在此地做，不推诿到想象中的另一地位去做。

这是一个极现实的主义。本分人做本分事，脚踏实地，丝毫不带一点浪漫情调。我相信如果我们能够彻底地照着做，不至于很误事。西谚说得好："手中的一只鸟，值得林中的两只鸟。"许多"有大志"者往往为着觊觎林中的两只鸟，让手中的一只鸟安然逃脱。

朝抵抗力最大的路径走

朱光潜

　　我提出这个题目来谈，是根据一点亲身的经验。有一个时候，我学过作诗填词。往往一时兴到，我信笔直书，心里想到什么，就写什么，写成了自己读读看，觉得很高兴，自以为还写得不坏，后来我把这些处女作拿给一位精于诗词的朋友看，请他批评。他仔细看了一遍后，很坦白地告诉我说："你的诗词未尝不能作，只是你现在所作的还要不得。"我就问他："毛病在哪里呢？"他说："你的诗词都来得太容易，你没有下过力，你欢喜取巧，显小聪明。"听了这话，我捏了一把冷汗，起初还有些不服，后来对于前人作品多费过一点心思，才恍然大悟那位朋友批评我的话真是一语破的。我的毛病确是在没有下过力。我过于相信自然流露，没有知道第一次浮上心头的意思往往不是最好的意思，第一次浮上心头的词句也往往不是最好的词句。意境要经过洗练，表现意境的词句也要经过推敲，才能脱去渣滓，达到精妙境界。洗练、推敲要吃苦费力，要朝抵抗力最大的路径走。福楼拜自述写作的辛苦说："写作要超人的意志，而我却只是一个人！"我也有同样感觉，我缺乏超人的意志，不能拼死力往里钻，只朝抵抗力最低的路径走。

　　这一点切身的经验使我受到很深的感触。它是一种失败，然而从这种失败中我得到一个很好的教训。我觉得不但在文艺方面，就在立身处世的任何方面，贪懒取巧都不会有大成就，要有大成就，必定朝抵抗力最大的路径走。

"抵抗力"是物理学上的一个术语。凡物在静止时都本其固有"惰性"而继续静止，要使它动，必须在它身上加"动力"，动力愈大，动愈速愈远。动的路径上不能无抵抗力，凡物的动都朝抵抗力最低的方向。如果抵抗力大于动力，动就会停止，抵抗力纵是低，聚集起来也可以使动力逐渐减少以至于消灭，所以物不能永动，静止后要它续动，必须加以新动力。这是物理学上一个很简单的原理，也可以应用到人生上面。人像一般物质一样，也有惰性，要想他动，也必须有动力。人的动力就是他自己的意志力。意志力愈强，动愈易成功；意志力愈弱，动愈易失败。不过人和一般物质有一个重要的分别：一般物质的动都是被动，使它动的动力是外来的；人的动有时可以是主动，使他动的意志力是自生自发、自给自足的。在物的方面，动不能自动地随抵抗力之增加而增加；在人的方面，意志力可以自动地随抵抗力之增加而增加，所以物质永远是朝抵抗力最低的路径走，而人可以朝抵抗力最大的路径走。物的动必终为抵抗力所阻止，而人的动可以不为抵抗力所阻止。

照这样看，人之所以为人，就在能不为最大的抵抗力所屈服。我们如果要测量一个人有多少人性，最好的标准就是他对于抵抗力所拿出的抵抗力，换句话说，就是他对于环境困难所表现的意志力。我在上文说过，人可以朝抵抗力最大的路径走，人的动可以不为抵抗力所阻。我说"可以"不说"必定"，因为世间大多数人仍是惰性大于意志力，欢喜朝抵抗力最低的路径走，抵抗力稍大，他就要缴械投降。这种人在事实上失去最高生命的特征，堕落到无生命的物质的水平线上，和死尸一样东推东倒，西推西倒。他们在道德、学问、事功各方面都绝不会有成就，万一以庸庸得厚福，也是叨天之幸。

人生来是精神所附丽的物质，免不掉物质所常有的惰性。抵抗力最低的路径常是一种引诱，我们还可以说，凡是引诱所以能成为引诱，都因为它是抵抗力最低的路径，最能迎合人的惰性。惰性是我们的仇敌，要克服惰性，我们必须动员坚强的意志力，不怕朝抵抗力最大的路径走。走通了，抵抗力就算被征服，要做的事也就算成功。举一个极简单的例子。在冬天早晨，你睡在热被窝里很舒适，心里虽知道这应该是起床的时候而你总舍不得起来。你不起来，是顺着惰性，朝抵抗力最低的路径走。被窝的暖和舒适，外面的空气寒冷，多躺一会儿的种种借口，对于起床的动作都是很大的抵抗力，使你觉得起床是一件天大的难事。但是你如果下一个决心，说非起来不可，一耸身你也就起来了。这一起来事情虽小，却表示你对于最大抵抗力的征服，你的企图的成功。

这是一个琐屑的事例，其实世间一切事情都可做如此看法。历史上许多伟大人物所以能有伟大成就者，大半都靠有极坚强的意志力，肯向抵抗力最大的路径走。例如孔子，他是当时一个大学者，门徒很多，如果他贪图个人的舒适，大可以坐在曲阜过他安静的学者的生活。但是他毕生东奔西走，席不暇暖，在陈绝过粮，在匡遇过生命的危险，他那副奔波劳碌恓恓惶惶的样子颇受当时隐者的嗤笑。他为什么要这样呢？就因为他有改革世界的抱负，非达到理想，他不肯甘休。《论语》长沮、桀溺章最足见出他的心事。长沮、桀溺二人隐在乡下耕田，孔子叫子路去向他们问路，他们听说是孔子，就告诉子路说："滔滔者天下皆是也，而谁以易之！"意思是说，于今世道到处都是一般糟，谁去理会它、改革它呢？孔子听到这话叹气说："鸟兽不可与同群，吾非斯人之徒与而谁与？天下有道，丘不与易也。"意思是说，我们既是人就应做人所应该做的事；如果世道不糟，我自然就用不着费气力去改革它。孔子平生所说的话，我觉得这几句最沉痛、最伟大。长沮、桀溺看天下无道，就退隐躬耕，是朝抵抗力最低的路径走；孔子看天下无道，就牺牲一切要拼命去改革它，是朝抵抗力最大的路径走。他说得很干脆，"天下有道，丘不与易也"。

再如耶稣，从《新约》中四部《福音》看，他的一生都是朝抵抗力最大的路径走。他抛弃父母兄弟，反抗当时旧犹太宗教，攻击当时的社会组织，要在慈爱上建筑一个理想的天国，受尽种种困难艰苦，到最后牺牲了性命，都不肯放弃了他的理想。在他的生命史中有一段是一发千钧的危机。他下决心要宣传天国福音后，跑到沙漠里苦修了四十昼夜。据他的门徒的记载，这四十昼夜中他不断地受恶魔引诱。恶魔引诱他去争尘世的威权，去背叛上帝，崇拜恶魔自己。耶稣经过四十昼夜的挣扎，终于拒绝恶魔的引诱，坚定了对于天国的信念。从我们非教徒的观点看，这段恶魔引诱的故事是一个寓言，表示耶稣自己内心的冲突。横在他面前的有两条路：一是上帝的路，一是恶魔的路。走上帝的路要牺牲自己，走恶魔的路他可以握住政权，享受尘世的安富尊荣。

经过了四十昼夜的挣扎，他决定了走抵抗力最大的路——上帝的路。

我特别在耶稣生命中提出恶魔引诱的一段故事，因为它很可以说明宋明理学家所说的天理与人欲的冲突。我们一般人尽善尽恶的不多见，性格中往往是天理与人欲杂糅，有上帝也有恶魔，我们的生命史常是一部理与欲、上帝与恶魔的斗争史。我们常在歧途徘徊，理性告诉我们向东，欲念却引诱我们向西。在这种时候，上帝的势力与恶魔的势力好像摆在天平的两端，见不出谁轻谁重。这是"一发千钧"的时候，"一失足即成千古恨"，一挣扎立即可成圣贤豪杰。如果要上帝的那一端天平沉重一点，我们必须在上面加一点重量，这重量就是拒绝引诱、克服抵抗力的意志力。有些人在这紧要关头拿不出一点意志力，听惰性摆布，轻轻易易地堕落下去，或是所拿的意志力不够坚决，经过一番冲突之后，仍然向恶魔缴械投降。例如洪承畴本是明末一个名臣，原来也很想效忠明朝，恢复河山，清兵入关后，大家都预料他以死殉国，清兵百计劝诱他投降，他原也很想不投降，但是到最后终于抵不住生命的执着与禄位的诱惑，做了明朝的汉奸。再举一个眼前的例子，汪精卫前半生对于民族革命很努力，当这次抗战开始时，他广播演说也很慷慨激昂。谁料到他利禄熏心，一经敌人引诱，就起了卖国叛党的坏心思。依陶希圣的记载，他在上海时似仍感到良心上的痛苦，如果他拿出一点意志力，及早回头，或以一死谢国人，也还不失为知过能改的好汉。但是他拿不出一点意志力，就认错做错，甘心认贼作父。世间许多人失节败行，都像汪精卫、洪承畴之流，在紧要关头，不肯争一口气，就马马虎虎地朝抵抗力最低的路径走。

这是比较显著的例，其实我们立身处世，随时随地目前都横着两条路径，一是抵抗力最低的，一是抵抗力最大的。比如当学生，不死心塌地去做学问，只敷衍功课，混分数文凭；毕业后不拿出本领去替社会服务，只奔走巴结，贪缘幸进，以不才而在高位；做事时又不把事当事做，只一味因循苟且，敷衍公事，甚至于贪污淫逸，遇钱即抓，不管它来路正当不正当——这都是放弃抵抗力最大的路径而走抵抗力最低的路径。这种心理如充类至尽，就可以逐渐使一个人堕落。我常穷究目前中国社会腐败的根源，以为一切都由于懒。懒，所以苟且因循敷衍，做事不认真；懒，所以贪小便宜，以不正当的方法解决个人的生计；懒，所以随俗浮沉，一味圆滑，不敢为正义公道奋斗；懒，所以遇引诱即堕落，个人生活无纪律，社会生活无秩序。知识阶级懒，所以文化学术无进展；官吏懒，所以政治不上轨道；一般人都懒，所以整个社会都"吊儿郎当"，暮气沉沉。懒是百恶之源，也就是朝抵抗力最低的路径走。如果要改造中国社会，第一件心理的破坏工作是除懒，第一件心理的建设工作是提倡奋斗精神。

生命就是一种奋斗，不能奋斗，就失去生命的意义与价值；能奋斗，则世间很少不能征服的困难。古话说得好，"有志者事竟成"。希腊最大的演说家是德摩斯梯尼，他生来口吃，一句话也说不清楚，但他抱定决心要成为一个大演说家，他天天一个人走到海边，向着大海练习演说，到后来居然达到了他的志愿。这个实例阿德勒（Adler）派心理学家常喜援引。依他们说，人自觉有缺陷，就起"卑劣意识"，自耻不如人，于是心中就起一种"男性的抗议"，自己说我也是人，我不该不如人，我必用我的意志力来弥补天然的缺陷。阿德勒派学者用这原则解释许多伟大人物的非常成就，例如聋子成为大音乐家，瞎子成为大诗人之类。我觉得一个人的紧要关头是在起"卑劣意识"的时候。起"卑劣意识"是知耻，孔子说得好，"知耻近乎勇"。但知耻虽近乎勇而却不就是勇。能勇必定有阿德勒派所说的"男性的抗议"。"男性的抗议"就是认清了一条路径上抵抗力最大而仍然勇往直前，百折不挠。许多人虽天天在"卑劣意识"中过活，却永不能发"男性的抗议"，只知怨天尤人，甚至于自己不长进，希望旁人也跟着他不长进，看旁人长进，只怀满肚子醋意。这种人是由知耻回到无耻，注定的要堕落到十八层地狱，永不超生。

能朝抵抗力最大的路径走，是人的特点。人在能尽量发挥这特点时，就足见出他有富裕的生活力。一个人在少年时常是朝气勃勃，有志气，肯干，觉得世间无不可为之事，天大的困难也不放在眼里。到了年事渐长，受过了一些折磨，他就逐渐变成暮气沉沉，意懒心灰，遇事都苟且因循，得过且过，不肯出一点力去奋斗。一个人到了这时候，生活力就已经枯竭，虽是活着，也等于行尸走肉，不能有所作为了。所以一个人如果想奋发有为，最好是趁少年血气方刚的时候，少年时如果能努力，养成一种勇往直前百折不挠的精神，老而益壮，也还是可能的。

一个人的生活力之强弱，以能否朝抵抗力最大的路径为准，一个国家或是一个民族也是如此。这个原则有整个的世界史证明。姑举几个显著的例，西方古代最强悍的民族莫如罗马人，我们现在说到能吃苦肯干，重纪律，好冒险，仍说是"罗马精神"。因其有这种精神，所以罗马人东征西讨，终于统一了欧洲，建立一个庞大的殖民帝国。后来他们从殖民地获得丰富的资源，一般罗马公民都可以坐在家里不动而享受富裕的生活，于是变成骄奢淫逸，无恶不为，一到新兴的"野蛮"民族从欧洲东北角向南侵略，罗马人就毫无抵抗而分崩瓦解。再如女真族，他们在入关以前过的是骑猎生活，民性最强悍，很富于吃苦冒险的精神，所以到明末张李之乱、社会腐败紊乱时，他们以区区数十万人之力就能入主中原。可是他们做了皇帝之后，一切皇亲国戚都坐着不动吃皇粮，享大位，过舒服生活，不到三百年，一个新兴民族就变得腐败不堪，辛亥革命起，我们就轻轻易易地把他们推翻了。我们如果要明白一个民族能够堕落到什么地步，最好去看看北平的旗人。

我们中华民族在历史上经过许多波折，从周秦到现在，没有哪一个时代我们不遇到很严重的内忧，也没有哪一个时代我们没有和邻近的民族挣扎，我们爬起来蹶倒，蹶倒了又爬起，如此者已不知若干次。从这简单的史实看，我们民族的生活力确是很强旺，它经过不断地奋斗才维持住它的生存权。这一点祖传的力量是值得我们尊重的。

于今我们又临到严重的关头了。横在我们面前的只有两条路，一是汪精卫和一班汉奸所走的，抵抗力最低的，屈服；一是我们全民族所走的抵抗力最大的抗战。我相信我们民族的雄厚的生活力能使我们克服一切困难。不过我们也要明白，我们的前途困难还很多，抗战胜利只解决困难的一部分，还有政治、经济、文化、教育各方面的建设工作还需要更大的努力。一直到现在，我们所拿出来的奋斗精神还是不够。因循、苟且、敷衍，种种病象在社会上还是很流行。我们还是有些老朽，我们应该趁早还童。

孟子说："天将降大任于斯人也，必先苦其心志，劳其筋骨，饿其体肤，空乏其身，行拂乱其所为，所以动心忍性，增益其所不能。"于今我们的时代是"天将降大任于斯人"的时代了，孟子所说的种种折磨，我们正在亲领身受。我希望每个中国人，尤其是青年们，要明白我们的责任，本着大无畏的精神，不顾一切困难，向前迈进。

第三章

做一个有修养的人

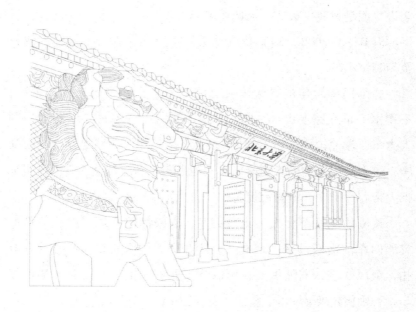

一件小事

鲁迅

我从乡下跑到京城里,一转眼已经六年了。其间耳闻目睹的所谓国家大事,算起来也很不少;但在我心里,都不留什么痕迹,倘要我寻出这些事的影响来说,便只是增长了我的坏脾气——老实说,便是教我一天比一天地看不起人。

但有一件小事,却于我有意义,将我从坏脾气里拖开,使我至今忘记不得。

这是民国六年的冬天,大北风刮得正猛,我因为生计关系,不得不一早在路上走。一路几乎遇不见人,好容易才雇定了一辆人力车,教他拉到S门去。不一会儿,北风小了,路上浮尘早已刮净,剩下一条洁白的大道来,车夫也跑得更快。刚近S门,忽而车把上带着一个人,慢慢地倒了。

跌倒的是一个女人,花白头发,衣服都很破烂。伊从马路上突然向车前横截过来;车夫已经让开道,但伊的破棉背心没有上扣,微风吹着,向外展开,所以终于兜着车把。幸而车夫早点停步,否则伊定要栽一个大跟斗,跌到头破血出了。

伊伏在地上;车夫便也立住脚。我料定这老女人并没有伤,又没有别人看见,便很怪他多事,要自己惹出是非,也误了我的路。

我便对他说，"没有什么的。走你的吧！"

车夫毫不理会——或者并没有听到——却放下车子，扶那老女人慢慢起来，搀着臂膊立定，问伊说：

"你怎么啦？"

"我摔坏了。"

我想，我眼见你慢慢倒地，怎么会摔坏呢，装腔作势罢了，这真可憎恶。车夫多事，也正是自讨苦吃，现在你自己想法去。

车夫听了这老女人的话，却毫不踌躇，仍然搀着伊的臂膊，便一步一步地向前走。我有些诧异，忙看前面，是一所巡警分驻所，大风之后，外面也不见人。这车夫扶着那老女人，便正是向那大门走去。

我这时突然感到一种异样的感觉，觉得他满身灰尘的后影，霎时高大了，而且愈走愈大，须仰视才见。而且他对于我，渐渐地又几乎变成一种威压，甚而至于要榨出皮袍下面藏着的"小"来。

我的活力这时大约有些凝滞了，坐着没有动，也没有想，直到看见分驻所里走出一个巡警，才下了车。

巡警走近我说，"你自己雇车吧，他不能拉你了。"

我没有思索地从外套袋里抓出一大把铜圆，交给巡警，说，"请你给他……"

风全住了，路上还很静。我走着，一面想，几乎怕想到自己。以前的事姑且搁起，这一大把铜圆又是什么意思？奖他么？我还能裁判车夫么？我不能回答自己。

这事到了现在，还是时时记起。我因此也时时煞了苦痛，努力地要想到我自己。几年来的文治武力，在我早如幼小时候所读过的"子曰诗云"一般，背不上半句了。独有这一件小事，却总是浮在我眼前，有时反更分明，教我惭愧，催我自新，并且增长我的勇气和希望。

科学之修养

蔡元培

　　鄙人前承贵校德育部之召，曾来校演讲；今又蒙修养会见召，敢略述修养与科学之关系。

　　查修养之目的，在使人平日有一种操练，俾临事不致措置失宜。盖吾人平日遇事，常有计较之余暇，故能反复审虑，权其利害是非之轻重而定取舍。然若至仓促之间，事变横来，不容有审虑之余地。此时而欲使诱惑、困难不能隳其操守，非凭修养有素不可，此修养之所以不可缓也。

　　修养之道，在平日必有种种信条：无论其为宗教的或社会的，要不外使服膺者储蓄一种抵抗之力，遇事即可凭之以定抉择。如心所欲作而禁其不作，或心所不欲而强其必行，皆依于信条之力。此种信条，无论文明、野蛮民族均有之。然信条之起，乃由数千万年习惯所养成；及行之既久，必有不适之处，则怀疑之念渐兴，而信条之效力遂失。此犹就其天然者言也。乃若古圣先贤之格言嘉训，虽属人造，要亦不外由时代经验归纳所得之公律，不能不随时代之变迁而易其内容。吾人今日所见为嘉言懿行者，在日后或成故纸；欲求其能常系人之信仰，实不可能。由是观之，则吾人之于修养，不可不研究其方法。在昔吾国哲人，如孔、孟、老、庄之属，均曾致力于修养，而宋、明儒者尤专力于此。然学者提倡虽力，卒不能使天下之人尽变为良善之士，可知修养亦无一定之必可恃者也。

至于吾人居今日而言修养，则尤不能如往古道家之蛰影深山，不闻世事。盖今日社会愈进，世务愈繁。已入社会者，固不能舍此而他从；即未入社会之学校青年，亦必从事于种种学问，为将来入世之准备。其责任之繁重如是，故往往易为外务所缚，无精神休假之余地，常易使人生观陷于悲观厌世之域，而不得志之人为尤甚，其故即在现今社会与从前不同。欲补救此弊，须使人之精神有张有弛。如做事之后，必继之以睡眠，而精神之疲劳，亦必使有机会得以修养。此种团体之结合，尤为可喜之事。但鄙人以为修养之致力，不必专限于集会之时，即在平时课业中亦可利用其修养，故特标此题曰"科学之修养"。

今即就贵会之修养法逐条说明，以证科学的修养法之可行。如贵会简章有"力行校训"一条。贵校校训为"诚勤勇爱"四字，此均可于科学中行之。

如"诚"字之义，不但不欺人而已，亦必不可为他人所欺。盖受人之欺而不自知，转以此说复诏他人，其害与欺人者等也。是故吾人读古人之书，其中所言苟非亲身实验证明者，不可轻信；乃至极简单之事实，如一加二为三之数，亦必以实验证明之。夫实验之用最大者，莫如科学。譬如报纸纪事，臧否不一，每使人茫无适从。科学则不然，真是真非，丝毫不能移易。盖一能实验，而一不能实验故也。由此观之，科学之价值即在实验。是故欲力行"诚"字，非用科学的方法不可。

其次"勤"：凡实验之事，非一次所可了。盖吾人读古人之书而不慊于心，乃出之实验。然一次实验之结果，不能即断其必是，故必继之以再以三，使有数次实验之结果。如不误，则可以证古人之是否；如与古人之说相刺谬，则尤必详考其所以致误之因，而后可以下断案。凡此者反复推寻，不惮周详，可以养成勤劳之习惯。故"勤"之力行亦必依赖夫科学。

再次"勇"：勇敢之意义，固不仅限于为国捐躯、慷慨赴义之士，凡作一事，能排万难而达其目的者，皆可谓之勇。科学之事，困难最多。如古来科学家，往往因试验科学致丧其性命，如南北极及海底探险之类。又如新发明之学理，有与旧传之说不相容者，往往遭社会之迫害，如哥白尼、贾利来之惨祸。可见研究学问，亦非有勇敢性质不可；而勇敢性质，即可于科学中养成之。大抵勇敢性有二：其一，发明新理之时，排去种种之困难阻碍；其二，既发明之后，敢于持论，不惧世俗之非笑。凡此二端，均由科学所养成。

再次"爱"：爱之范围有大小。在野蛮时代，仅知爱自己及与己最接近者，如家族之类。此外稍远者，辄生嫌忌之心。故食人之举，往往有焉。其后人智稍进，爱之范围渐扩，然犹不能举人我之见而悉除之。如今日欧洲大战，无论协约方面或德奥方面，均是己非人，互相仇视，欲求其爱之普及甚难。独至于学术方面则不然：一视同仁，无分畛域；平日虽属敌国，及至论学之时，苟所言中理，无有不降心相从者。可知学术之域内，其爱最薄。又人类嫉妒之心最盛，入主出奴，互为门户，然此亦仅限于文学耳；若科学，则均由实验及推理所得唯一真理，不容以私见变易一切。是故嫉妒之技无所施，而爱心容易养成焉。

以上所述，仅就力行校训一条引申其义。再阅简章，有静坐一项。此法本自道家传来，佛氏之坐禅，亦属此类，然历年既久，卒未普及社会。至今日日本之提倡此道者，纯以科学之理解释之。吾国如蒋竹庄先生亦然，所以信从者多，不移时而遍于各地。此亦修养之有赖于科学者也。

又如不饮酒、不吸烟二项，亦非得科学之助力不易使人服行。盖烟酒之嗜好，本由人无正当之娱乐，不得已用之以为消遣之具，积久遂成痼疾。至今日科学发达，娱乐之具日多，自不事此无益之消遣。如科学之问题，往往使人兴味加增，故不感疲劳而烟酒自无用矣。

今日所述，仅感想所及，约略陈之。唯宜注意者，鄙人非谓学生于正课科学之外，不必有特别之修养，不过正课之中，亦不妨兼事修养，俾修养之功，随时随地均能用力，久久纯熟，则遇事自不致措置失宜矣。

中国大学四周年纪念演说词

蔡元培

今日为中国大学成立四周年纪念之期，又更名纪念会之期，及专门部、中学科举行毕业式之期，关系最为重要。鄙人不敏，聊贡数言。今日鄙人来此地方，生有一种感想，因中国大学与他校不同，实有一种特性。此种特性，实与社会及吾人大有关系。

吾人自出生以至于死，可分三时期：第一预备时期，即幼年。第二工作时期，即壮年。第三休息时期，即老年。良以社会既予吾人以大利益，则吾人不可不预备代价，以为交换之具。吾人所受社会之利益，与同人缔有债务与契约无异。既欠人债，即不能不想还债。故少年预备时期，亦即为少年欠债时期；而工作时期，即为中年还债时期。然吾人一至中年，即距老不远，故不能不储蓄，以为第三期休息之预备。而老年苟有能力，仍为社会服务，不过不及壮年之多耳，止可谓之半息，而不能谓之全息。尝见外国之实业家、教育家、著作家，老而治事，至死后已，即其义也。吾人在校肄业，即为预备及欠债时期，毕业即人还债时期矣。专门部诸君，明日在社会即担任有还债之义务。换言之，即是脱离第一时期，而入第二之工作时期。虽中学科毕业之后，有入大学部或专门部深造者，然亦有在社会上做事者。在社会上做事，亦是入于工作时期。故吾人一生，实以第二时期为最重要。

然此种工作，亦不能不有预备。此种预备有二：一、材料之预备，如学生之课程是也。二、能力之预备，即以学校为锻炼吾人体力、脑力之助，又以职教员之训练及其所授予吾人之模范为修养之助。中国大学职教员有两种特性而又为吾人模范者：

一、坚忍心，如学科之编制及经费之筹备。中国大学之成立，固已四年于兹，然此四年中，艰难困苦，实已备尝。在创办者原想设立一完全大学，故有大学预科之编制。然大学年限过长，设备又须完全，而校中经费，诸多支绌，故不能不退一步而有专门部之编制。此种事务，如在他人，必畏难而不办矣。然中国大学之职教员，则虽艰难困苦备尝，而其初心不少更易。暂时固因经费支绌之关系，而不能大遂所志，但总希望完全办到。故中国大学职教员之坚忍心，可谓吾人模范也。

二、即本校职教员富有义务心，即责任心。何以见之？各职教员有兼任两校功课者，若因甲校之报酬较乙校为厚，遂勤于甲校而怠于乙校，其鄙陋之心，影响于学生最大。而中国大学之职教员，则绝无此状。虽因本校经费支绌，报酬较薄，而训导学生，勤恳无比，其义务心尤足为吾人之模范也。是以中国大学毕业诸生，多杰出之才，实校中职教员兼有以上两种特性有以成之。

今则毕业诸生，已入工作时期，以后服务社会，应守母校之模范，历久勿失，莫惧艰难，莫忧烦琐，一以坚忍耐劳出之，无不成者。且勿以毕业生自负，一经任事，先计报酬。试思我国经济，困难已极，人以报酬为先务，势必穷于供给，而各事将无人过问。毕业诸生，当明斯理。以后处世，即使毫无权利，则义务亦在所应尽。以义务为先，毋以权利为重，庶足符母校之精神矣。鄙人际兹盛会，无任欢忻，谨竭诚祝曰：中国大学万岁！

赠予今年的大学毕业生

胡适

　　这一两个星期里，各地的大学都有毕业的班次，都有很多的毕业生离开学校去开始他们的成人事业。学生的生活是一种享有特殊优待的生活，不妨幼稚一点，不妨吵吵闹闹，社会都能纵容他们，不肯严格地要他们负行为的责任。现在他们要撑起自己的肩膀来挑他们自己的担子了。在这个国难最紧急的年头，他们的担子真不轻！我们祝他们的成功，同时也不忍不依据我们自己的经验，赠予他们几句送行的赠言——虽未必是救命毫毛，也许作个防身的锦囊吧！

　　你们毕业之后，可走的路不出这几条：极少数的人还可以在国内或国外的研究院继续做学术研究；少数的人可以寻着相当的职业；此外还有做官、办党、革命三条路；此外就是在家享福或者失业闲居了。第一条继续求学之路，我们可以不讨论。走其余几条路的人，都不能没有堕落的危险。堕落的方式很多，总括起来，约有这两大类：

　　第一是容易抛弃学生时代的求知识的欲望。你们到了实际社会里，往往所用非所学，往往所学全无用处，往往可以完全用不着学问，而一样可以胡乱混饭吃，混官做。在这种环境里，即使向来抱有求知识学问的决心的人，也不免心灰意懒，把求知的欲望渐渐冷淡下去。况且学问是要有相当的设备的：书籍、试验室、师友的切磋指导、闲暇的工夫，都不是一个平常要糊口养家的人所能容易办到的。没有做学问的环境，又谁能怪我们抛弃学问呢？

第二是容易抛弃学生时代的理想的人生的追求。少年人初次与冷酷的社会接触，容易感觉理想与事实相去太远，容易发生悲观和失望。多年怀抱的人生理想，改造的热诚，奋斗的勇气，到此时候，好像全不是那么一回事。渺小的个人在那强烈的社会炉火里，往往经不起长时期的烤炼就熔化了，一点高尚的理想不久就幻灭了。抱着改造社会的梦想而来，往往是弃甲曳兵而走，或者做了恶势力的俘虏。你在那俘虏牢狱里，回想那少年气壮时代的种种理想主义，好像都成了自误误人的迷梦！从此以后，你就甘心放弃理想人生的追求，甘心做现成社会的顺民了。

要防御这两方面的堕落，一面要保持我们求知识的欲望，一面要保持我们对于理想人生的追求。有什么好法子呢？依我个人的观察和经验，有三种防身的药方是值得一试的。

第一个方子只有一句话："总得时时寻一两个值得研究的问题！"问题是知识学问的老祖宗，古今来一切知识的产生与积聚，都是因为要解答问题——要解答实用上的困难或理论上的疑难。所谓"为知识而求知识"，其实也只是一种好奇心追求某种问题的解答，不过因为那种问题的性质不必是直接应用的，人们就觉得这是"无所为"的求知识了。我们出学校之后，离开了做学问的环境，如果没有一个两个值得解答的疑难问题在脑子里盘旋，就很难继续保持追求学问的热心。可是，如果你有了一个真有趣的问题天天逗你去想他，天天引诱你去解决他，天天对你挑衅笑你无可奈何他——这时候，你就会同恋爱一个女子发了疯一样，坐也坐不下，睡也睡不安，没工夫也得偷出工夫去陪她，没钱也得撙衣节食去巴结她。没有书，你自会变卖家私去买书；没有仪器，你自会典押衣服去置办仪器；没有师友，你自会不远千里去寻师访友。你只要能时时有疑难问题来逼你用脑子，你自然会保持发展你对学问的兴趣，即使在最贫乏的智识环境中，你也会慢慢地聚起一个小图书馆来，或者设置起一所小试验室来。所以我说：第一要寻问题。脑子里没有问题之日，就是你的智识生活寿终正寝之时！古人说："待文王而兴者，凡民也。若夫豪杰之士，虽无文王犹兴。"试想葛理略（Calileo）和牛敦（Newton）有多少藏书？有多少仪器？他们不过是有问题而已。有了问题而后，他们自会造出仪器来解答他们的问题。没有问题的人们，关在图书馆里也不会用书，锁在试验室里也不会有什么发现。

第二个方子也只有一句话："总得多发展一点非职业的兴趣。"离开学校之后，大家总得寻个吃饭的职业。可是你寻得的职业未必就是你所学的，或者未必是你所心喜的，或者是你所学而实在和你的性情不相近的。在这种状况之下，工作就往往成了苦工，就不感觉兴趣了。为糊口而做那种非"性之所近而力之所能勉"的工作，就很难保持求知的兴趣和生活的理想主义。最好的救济方法只有多多发展职业以外的正当兴趣与活动，一个人应该有他的职业，又应该有他的非职业的玩意儿，可以叫作业余活动。凡一个人用他的闲暇来做的事业，都是他的业余活动。往往他的业余活动比他的职业还更重要，因为一个人的前程往往全靠他怎样用他的闲暇时间。他用他的闲暇来打麻将，他就成个赌徒；你用你的闲暇来做社会服务，你也许成个社会改革者；或者你用你的闲暇去研究历史，你也许成个史学家。你的闲暇往往定你的终身。英国十九世纪的两个哲人，弥儿（J.S.Mill）终身做东印度公司的秘书，然而他的业余工作使他在哲学上、经济学上、政治思想史上都占一个很高的位置；斯宾塞（Spencer）是一个测量工程师，然而他的业余工作使他成为前世纪晚期世界思想界的一个重镇。古来成大学问的人，几乎没有一个不是善用他的闲暇时间的。特别在这个组织不健全的中国社会，职业不容易适合我们性情，我们要想生活不苦痛或不堕落，只有多方发展业余的兴趣，使我们的精神有所寄托，使我们的剩余精力有所施展。有了这种心爱的玩意儿，你就做六个钟头的抹桌子工夫也不会感觉烦闷了，因为你知道，抹了六点钟的桌子之后，你可以回家去做你的化学研究，或画完你的大幅山水，或写你的小说戏曲，或继续你的历史考据，或做你的社会改革事业。你有了这种称心如意的活动，生活就不枯寂了，精神也就不会烦闷了。

　　第三个方子也只有一句话："你总得有一点信心。"我们生当这个不幸的时代，眼中所见，耳中所闻，无非是叫我们悲观失望的。特别是在这个年头毕业的你们，眼见自己的国家民族沉沦到这步田地，眼看世界只是强权的世界，望极天边好像看不见一线的光明——在这个年头不发狂自杀，已算是万幸了，怎么还能够希望保持一点内心的镇定和理想的信任呢？我要对你们说：这时候正是我们要培养我们的信心的时候！只要我们有信心，我们还有救。古人说："信心（Faith）可以移山。"又说："只要功夫深，生铁磨成绣花针。"你不信吗？当拿破仑的军队征服普鲁士占据柏林的时候，有一位穷教授叫作菲希特（Fichte）的，天天在讲堂上劝他的国人要有信心，要信仰他们的民族是有世界的特殊使命的，是必定要复兴的。菲希特死的时候（1814年），谁也不能预料德意志统一帝国何时可以实现。然而不满五十年，新的统一的德意志帝国居然实现了。

一个国家的强弱盛衰，都不是偶然的，都不能逃出因果的铁律的。我们今日所受的苦痛和耻辱，都只是过去种种恶因种下的恶果。我们要收将来的善果，必须努力种现在的新因。一粒一粒的种，必有满仓满屋的收，这是我们今日应该有的信心。

我们要深信：今日的失败，都由于过去的不努力。

我们要深信：今日的努力，必定有将来的大收成。

佛典里有一句话："福不唐捐。"唐捐就是白白地丢了。我们也应该说："功不唐捐！"没有一点努力是会白白地丢了的。在我们看不见想不到的时候，在我们看不见想不到的方向，你瞧！你下的种子早已生根发叶开花结果了！

你不信吗？法国被普鲁士打败之后，割了两省地，赔了50万万法郎的赔款。这时候有一位刻苦的科学家巴斯德（Pasteur）终日埋头在他的试验室里做他的化学试验和微菌学研究。他是一个最爱国的人，然而他深信只有科学可以救国。他用一生的精力证明了三个科学问题：（1）每一种发酵作用都是由于一种微菌的发展；（2）每一种传染病都是由于一种微菌在生物体中的发展；（3）传染病的微菌，在特殊的培养之下，可以减轻毒力，使它们从病菌变成防病的药苗。——这三个问题，在表面上似乎都和救国大事业没有多大的关系。然而从第一个问题的证明，巴斯德定出做醋酿酒的新法，使全国的酒醋业每年减除极大的损失。从第二个问题的证明，巴斯德教全国的蚕丝业怎样选种防病，教全国的畜牧农家怎样防止牛羊瘟疫，又教全世界的医学界怎样注重消毒以减少外科手术的死亡率。从第三个问题的证明，巴斯德发明了牲畜的脾热瘟的治疗药苗，每年替法国农家减除了2000万法郎的大损失；又发明了疯狗咬毒的治疗法，救济了无数的生命。所以英国的科学家赫胥黎（Huxley）在皇家学会里称颂巴斯德的功绩道："法国给了德国50万万佛郎的赔款，巴斯德先生一个人研究科学的成就足够还清这一笔赔款了。"

巴斯德对于科学有绝大的信心，所以他在国家蒙奇辱大难的时候，终不肯抛弃他的显微镜与试验室。他绝不想他的显微镜底下能偿还50万万法郎的赔款，然而在他看不见想不到的时候，他已收获了科学救国的奇迹了。

朋友们，在你最悲观最失望的时候，那正是你必须鼓起坚强的信心的时候。你要深信：天下没有白费的努力。成功不必在我，而功力必不唐捐。

假定我是土匪

林语堂[*]

这个题目太好了，越想越有趣，假定教师肯出这种题目，必定触起学生的灵机，不怕没有清俊的文章可读。也许很多人未曾想到这种题目，但于我，一想起，却是爱不忍舍。若加以唯物史观的辩证法而分析之，我想也可客观地发现此文之"社会意识"。现代的社会，谋生是这样的不易，失业是这样的普遍，而做土匪的将来又是这样伟大，怎禁得人不涉及这种遐想？假定一人生当今日，有过人的聪明机智，又能带点屠狗户骨气，若刘邦、樊哙之流，而肯屈身去做土匪，我可担保他飞黄腾达，荣宗显祖，到了晚年，还可以维持风化，提倡文言，收藏善本，翻印佛经，介绍花柳医生。时运不济，尚可退居大连，享尽朱门华贵、嫔婢环列之艳福。命运亨通，还可以媲美曹锟、李彦青，身居宫殿，生时博得列名"中国名人传"之荣耀，死后博得一张皇皇赫赫的讣闻。

自然，我有自知之明，自觉不配做土匪的。不但不会杀过一条人命，而且根本就缺乏做匪首的资格。做个匪首，并不容易，

---

[*] 林语堂（1895—1976），原名和乐，后改玉堂，又改语堂，福建龙溪（今漳州）人，中国现代著名作家、学者、翻译家、语言学家。1923年，任北京大学教授。

第一便须轻财仗义、豪侠好交，能结纳天下英雄、江湖豪杰，这是我断断做不来的。做土匪的领袖，与做公司或社会的领袖一样，须有领袖之身份、手段、能干、灵敏、阴险、泼辣、无赖、圆通、是非不要辨得太明、主义不要守得太板……这是据我的观察，一切的领袖所共有而我所绝无的美德。但是假定上天赋予我这样一个性格，我可以指出一条成功的途径，包管博得一个社会模范人物的美名，骗得那里公园的一块石像，将见时谣曰"生子当如×××（即匪首之爷）"，为众人所羡慕不置。

第一件，便是习书法。我想要自一个土匪做到显祖荣宗的模范人物，有两个必要的条件：学得一手好书法，而又能拟得体动人的通电。后者总有办法，可以六十元一月雇一位举人代拟，题签联对则不好意思叫人代题。至少我个人是不好意思这样的，书法是半世的事业，学习要早。所以在我做乡村土匪时期，就得练习书法。到了我夺了几个城，掠了一州府，自然有许多人来请我题匾额写对联了。这时就要见出你的高下，而见出你是一个暴虎冯河的莽汉，或是一个读过圣贤书的雅人。你有一手好字，便可以结交当地士绅，而不愧为一位右文的山皇帝。

有了一手好书法及雇一位善拟通电的书记（最好是骈四俪六一派的），我就要去攻一小商埠，如厦门、烟台之类。这大概需五百名精兵。其实只消一百五十名精兵，余三百五十名，什么流氓、丘八、鸦片烟鬼都可以。我是有所据而云然，因为我曾亲见××与厦门海军争夺厦门的一幕喜剧。也许三十名敢死队半夜发作就可以把厦门、烟台据为己有。（满兵三十万取得大中华，日本二师兵取得沈阳，依此比例，这个算法是不错的。）"剧战"一概二小时，伤了三条狗，两只鸡，也就完了。所以一面开战，一面通电、告示就得于前晚拟好，一拍即出。通电所以对外，告示所以安民。告示中的话，不外"我爱老百姓，我爱老百姓，我最爱老百姓"。但是对于废除苛捐杂税一层，却可暂缓不提。同时可加一句："我恨外国人，我恨帝国主义，我反对经济侵略。"然后请一位大学二年级的学生，善操"Good morming—Good afternoon—Thank you—Excuse me"一派的英语者，同他坐个汽车遍访外国领事，表示对于保全外人生命财产绝对负责。在通电中，这一类"保护外侨生命财产"的话，又必重叠申明。但是对于保护国人生命财产一层，可以暂缓不提。外国领事必定握手亲自送至门口，回头想着，我就是袁世凯第二。我已认清我的政治前途，要建设在忍辱负重国际亲善的基础之上。

从乡匪时期达到省匪时期，我估算大约须三年。这三年中是我养精蓄锐时期，书法愈雄健，外宾愈和洽，声誉日隆，匪僚日畏，大家说我有"大志"。因为我既然是匪，不得不为物质环境及阶级意识所决定，为自卫计，军队总嫌不足，器械总嫌不精，养兵无钱不行也。我必须以建设为名，改造全城、修桥、造路、筑码头、换门牌，立了种种名目。这样我三年内便可发三百万的财，如果励精图治，再加喜轿捐、棺材捐、猪子捐，也许以二年为期便可达到目的。大约筑一段路，每丈有六十元的好处，所以路越长越好。如果小商埠没有几里路的公路好筑，那么筑得坏一点，每年又有一笔重修公路费的收入。"重修"二字甚雅，古人称来是一种功德，今人说来是一种建设。这样无形中我已成了一模范土匪，有口皆碑，西洋记者参观，莫不交口赞叹，称我"开通""进步"，兼且囊中已有三百万家私，在公在私，都说得过去，对得住国民，对得住祖上，实为德高。

这三百万元到手，天下事何不可为？只消代付了三个月欠饷，中国任何海军，我收买得来，成本虽略大，利益亦不薄。这时人又更加精明，宦途更加练达，什么东西可以骗过老爷眼里（这时自然是老爷）。用明察秋毫的眼光，我可有一批开源节流的新发现。譬如猪槽、马鞯、尿壶、粪桶，不都可以捐起来吗？这时总不免有一两位极精宦途的幕僚来依附我，坐下开口便是感慨地说："你看这××一县的猪槽，最少也有一万五千个，十县就是十五万猪槽……数目很可观啊！数目很可观啊！"这种感慨一多，不要二年飞机也到手了。这时我便是模范省区之模范军人。这时料想书法更加到家，我就要提倡文言，维持圣教，禁止放胸，捉捕剪发姑娘，……而关心风化。姨太太大约也有三四房，所以女子游公园之事，非常碍目，而加以禁止。谈吐中也自风雅一点，什么"勉为其难""锋芒太露""宁缺毋滥""民膏民脂""治标治本"等成语，也已说得流利娴熟。案上常置一部《辞源》。

大概此时，中国必有内战。于是我交红运了。一跃可由偏安的省匪而变为国人所常注意、报章所常登载的国匪了。大约三四次倒戈，还不太过，过多即为盛名之累。依现在行价，一次倒戈（现在倒戈叫作"输诚"）总有一百到一百五十万收入。只消三四次输诚离叛，在经济上，已是汇丰银行存款五百万之阔户，在地位上，也是国中第三四流的名阀。鼻子一哼，就可以叫人三魂荡荡、七魄悠悠。这样下去，到六七十岁，前途曷可限量。

那时我颇具有爱国爱世之心，阅历既久，心气自较和平。那里演讲，总是劝人种善根，劝人修福德，发现涵养、和平、退让为东方精神之美德，而宣扬国光。闲时还可以来几种雅好，在我必以收藏宋版书为第一快事，那时我可请一位书记（就是那位代拟通电的举人，这时他也有子女盈门，并有三五万家私了）替我作一部《中庸集注》，或一本《庄子正义》，用我的名出版。这样下去，若不得法国政府颁给勋章，或是莫梭里尼旌赏我宣扬东方文化之精神，老爷不姓林。

我的信仰

林语堂

我素不爱好哲学上无聊的理论。哲学名词，如柏拉图的"意象"，斯宾诺莎的"本质""本体""属性"，康德的"无上命令"等，总使我怀疑哲学的念头已经钻到牛角尖里去了。

一旦哲学理论的体系过分动听，逻辑方面过分引人入胜时，我就难免心头狐疑。自满自足，逻辑得有点呆气的哲学体系，如黑智儿的历史哲学，卡尔文的人性堕落说，仅引起我一笑而已。

科学研讨分析生命上细微琐碎之事，我颇有耐心；只是对于剖析过细的哲学理论，则殊觉厌烦。虽然，不论科学、宗教或哲学，若以简单的文字出之，却都能使我入迷。其实说得浅近点，科学无非是对于生命的好奇心，宗教是对于生命的崇敬心，文学是对于生命的叹赏，艺术是对于生命的欣赏，根据个人对于宇宙之了解所生的对于人生之态度，是谓哲学。我初入大学时，不知何者为文科，何者曰理科，然总得二者之中择其一，是诚憾事也。我虽选文科，然总觉此或是一种错误。我素嗜科学，故同时留意科学的探究以补救我的缺失。如果"科学为对于生命与宇宙之好奇感"的话不谬，则我也可说是个科学家。同时，我秉心虔敬，故所谓"宗教"常使我内心大感。我虽为牧师之子，然此殊不能完全解释我的态度也。

　　我以普通受过教育之人的资格，对于生命，对于生活，对于社会、宇宙及造物，尝想采取一个和谐而一贯的态度。我虽天性不信任哲学的理论体系，然此非谓对于人生——如金钱、结婚、成功、家庭、爱国、政治等——就不能有和谐而一贯的态度。我却以为知道毫无破绽的哲学体系之不足凭信，反而使采取较为近情、一贯而和谐的人生观较为简易。

　　我深知科学也有它的限度，然我崇拜科学，我老是认定科学家是小心地兢兢业业地工作着，我深信他是诚实可靠的。我让他去为我寻求发现物质的宇宙，那个我所切望知道的物质的宇宙，但一旦尽量取得科学家对于物质的宇宙的知识后，我记住人总比科学家伟大，科学家是不能告诉我们一切的，他并不能告诉我们最重要的事物，他不能告诉我们使人快乐的事物。我还得依赖"良知"（bornsense）那个似乎还值得复活的十八世纪的名词。叫它"良知"也好，叫它常识也好，叫它直觉或触机也好，其实它只是一种真诚的由衷的，半幽默半狂妄，带点理想色彩而又有些无聊然却有趣的思维。先让想象力略为放肆着，然后再加以冷嘲，正如风筝与其线那样。一部人类历史恰如放风筝：有时风太急了，就把绳收得短些；有时它被树枝绊住了，只是风筝青云直上，抵达愉快的太空——啊，恐不能这么尽如人意吧。

　　自有伽利略以来，科学之影响如此其广且深，吾人无有不受其影响者。近代人类对于造物、宇宙，对物质的基础性质及构造，关于人类的创造及其过去的历史，关于人的善与恶，关于灵魂不灭，关于罪恶、惩罚、上帝的赏罚，以及关于人类动物的关系等的观念，自有伽利略以来，都经过莫大的变动了。大体上我可说：

在我们的脑筋里上帝是愈来愈伟大，人是变得愈渺小，而人的躯壳即变得愈纯洁，灵魂不灭的观念却亦愈模糊了。因此与信仰宗教有关的重要概念，如上帝、人类、罪恶，及永生（或得救）均得重新加以检讨。

我情不自禁地寻求科学知识之进步怎样予宗教的繁文礼节以打击，并非我不虔敬，倒是因为我对于宗教非常感觉兴趣。虽则基督之山上垂训与乎道德境界及高洁生活的优美仍然深入人心，然我们必须大胆承认宗教的工具——宗教所赖以活动的观念，如罪恶、地狱等——却已为科学摧残无余了。我想真正想象地狱的，在今日大学生中恐百不得一，或简直千不得一罢。这些基本的观念即已大大地变更了，则宗教本身，至少在教会，当然是难免要受影响的了。

方才我说上帝在我们脑中比前来得巨大而人却变得渺小。我意指物质方面而言。因为上帝既然充其量只能与宇宙同其广大，而现代天文学告诉我们的物质的宇宙愈来愈广阔无际，我们自然心头起恍惚畏惧之感。宗教与夫以人类为中心的种种信念的最大敌人是二百英寸的望远镜。数星期前我读纽约报纸的记载，说是有一位天文学家新近发现一簇离地球有廿五万光年的星群，那时我顿觉往昔对于人类在天地间所处之地位的观念未免太可笑了。这些事物对于我们的信念，其影响不能谓为不大。许久以前我就觉得我在造物宇宙的心目中是何等渺小卑微，而灭亡、惩罚、赎罪等办法何等乖谬狂妄了。上帝以人有缺点而加以惩治，正如人类制定法规，以惩治虫蛆蚂蚁，或使其悔改赎罪，同样荒谬无据。

善恶报应，以及代人赎罪之价值与必要等观念，皆因科学与近代知识之进步而变更了。理想化的至善与罪恶之对立观念已不足信了。知道人由下等动物进化而来而并承受动物之本能，则觉向来人性善恶之争颇属无谓。吾人之不能责人类有情欲，正如吾人不能责海狸有情欲一样。因此基督教基础的关于肉欲之罪恶的神秘思想显然失其意义了。所以那中古的、僧侣的，与夫宗教所特有的对于身躯及物质生活的态度，均归消灭了，取而代之是一种较为健全合理的对于人及尘世一切的看法。谓上帝因人类有缺点或因正在进化的半途中尚未达至善之境而恼怒，是诚无聊的话耳。

宗教最使我不满的一端便是它的着重罪恶。我并不自知罪孽深重，更不觉我有何为天所不容之处。多数人如能平心静气，亦必已与我抱同一之见解。我虽非圣贤，做人倒也相当规矩。在法律方面，我是完美无疵的；至在道德方面则不能十全十美。但是我道德上之缺点，如间或有之的说说谎与撒撒烂污之类，给它算个总账，叫我妈妈去审判，充其量，她也只能定我三年有期徒刑而已，决不会说是判我投入阎王那里的油锅的。这不是吹牛，我朋友中间该受五年有期徒刑的也委实很少。如果我能见妈妈于地下而无愧，则在上帝面前我有何惧哉。我母亲不能罚我入地狱里的油锅，这是我所深知的。我深信上帝也同样近情与明鉴。

基督教教义的另一端是至善的观念。所谓至善，便是伊甸园里的人的境界，亦即是将来天国的境界。干吗至善呢？我委实不懂。所谓至善，实也不是爱美的本能所产生的。至善之观念，乃为耶稣降生后数百年中小亚细亚的那种逻辑的产物，其意乃谓我们欲与上帝为伴，既想与上帝为伴而进天国，则非做到至善的地步不可。故只是想进天国至乐之境一念之产物，并无逻辑之根据，纯是一种神秘思想而已。我诚疑基督徒如不许以天国，不知还愿做一个至善的人否？在实际日常生活中，所谓至善是并无任何意义的。因此我亦不赞成"完人"那种理想。理想的人倒是一个相当规矩而能以自己之见解评判是非的人。在我看来，理想的人无非是一个近情的人，愿意认错，愿意改过，如斯而已。

以上所说的那种信仰未免太使真诚的基督教徒惶惑不安了。然而非大着胆不拘礼节地说老实话，我们是不配谈真理的。在这点上，我们该学科学家。在大体上，科学家的守住旧的物质定义不愿放弃，不肯接受新的学说，亦正有如我们的不愿放弃陈旧的信仰。科学家往往与新的学说争执，然而他们毕竟是开通的，故终于听命他们的良心拒绝或接受新的学说了。新的真理总是使人不安的，正如突如其来的亮光总使我们眼睛觉得不舒服一样。然而我们精神的眼睛或是物质的眼睛经过调节以后，就觉得新的境遇毕竟也并不怎样恶劣。

然则剩下来还有什么呢？还有很多，旧的宗教的外形是变迁至模糊了，然宗教本身还在，即将来亦还是永远存在的，此处所谓宗教，是指激于情感的信仰，基本的对于生命之虔诚心，人对于正义纯洁的确信之总和，也许有人以为分析虹霓之彩色，或是在公园喷泉上设置人为的虹霓，我们对于主宰的信心就要消失，而我们的世界将沦为无信仰的世界。然而不，虹霓之美，固犹昔也。虹霓或溪边微风并未因此而失去其美丽与神秘之一丝一毫。

我们还有一个信仰较为简单的世界。我爱此种信仰，因为它比较简单，颇为自然。我所说的得救的"工具"已没有了，其实对于我"得救"的目的也已没有了。那严父样的上帝，对于我们的琐事也要查问的上帝，也没有了。在理论上互有关联的人本善说，堕落，定罪，叫人代理受罚，善性的回复，这些也被击破了。地狱没有了，天堂跟着也消逝了。在这样的人生哲学中，天堂这东西是没有地位的。这样也许要使心目中向有天堂的人不知所措了。其实是不必的。我们还是拥有一个奇妙的天地，表现上是物质的，然其动作则几乎是有灵智的神力推动者然。

人的灵性亦并未受到影响。道德的境界乃非物理定律的势力所能及的。对虹霓的了解是物理学，然见虹霓而欣喜则属于道德的范围了。了解是不会，不应，并且也是不能毁灭心头的欣喜的。这便是信仰简单的世界，既不需用神学，亦不乞助于无据的赏罚，只要人的心尚能见美而喜，尚能为公道正义慈爱所感动，这样也就够了。规规矩矩地做人，做事以最高贵最纯洁的本性为准绳，原是应该的。其实这样也就是合乎教义了。我们既有秉自祖先的兽性——就是所谓人类进化过程中的罪恶——则以常识论，我们有一个较高贵的我与一个较低级的我。我们有高尚的本能，同时有卑劣的本能。

吾人虽不信我们的罪恶是由撒旦作祟，然此非谓我们行事须依顺兽性也。孟子说得好："恻隐之心，人皆有之；羞恶之心，人皆有之；敬畏之心，人皆有之；是非之心，人皆有之。"孟子又说：“养其大者为大人，养其小者为小人。”

以论理言，唯物主义非必随旧的宗教观念之消灭与俱来，然在事实上唯物主义却接踵而至。因人本非逻辑的动物，人事本有奇特可笑处。在大体上，近代社会日趋唯物，而离宗教日远，宗教向为一组经神批准的一贯的信仰。它是不期然而然的情感冲动，并非理智的产物。冷酷的合理的信仰是不能替代宗教的。复次，宗教一事，由来已久，根深蒂固，有传统的力量，这部传统的规范倘或失去，并非佳事，然事实上竟已失去。这个时代又非为产生新教教主的时代。我们太爱批评故也。而个人私信对于合理的行为的信念，其力量以之与伟大的宗教相较，直有大巫小巫之差。这种私人的信念，以语上也者之君子则有余，对于下也者之小人则不足应付也。

我们已处于进退维谷左右为难之时代矣。摩西与孔子对于行为的规范均与以宗教的意味，洵智慧的办法也。但在现代社会中我们既不能产生一个摩西或一个孔子，我们唯有走广义的神秘主义的一途，例如老子所倡导的那种。以广义言之，神秘主义乃为尊重天地之间自然的秩序，一切听其自然，而个人融化于这大自然的秩序中是也。

道教中的“道”即是此意。它含义之广足以包括近代与将来最前进的宇宙论。它既神秘而且切合实际。道家对于唯物论采宽纵的态度。以道家的说法看来，唯物主义并不邪恶，只是有点呆气而已。而对于仇恨与妒忌则以狂笑冲散之；对于恣意豪华之辈道教教之以简朴；对于都市生活者则导之以大自然的优美；对于竞争与奋斗则倡虚无之说以救济之；对于长生不老之妄想，则以物质不灭宇宙长存之理以开导之；对于过甚者则敬之以无为宁静；对于创造事业则以生活的艺术调和之；对于刚则以柔克之。对于近代的武力崇拜，如近代的法西斯国家，道教则谓汝并非世间唯一聪明的家伙，汝往前直冲必一无所得，而愚者千虑必有一得，物极则必反，拗违此原则者终必得恶果。至于道教努力和平乃自培养和气着手。

在其他方面宗教的改革，我想结果是不会十分圆满的。我对宗教下的定义，方才已说了，是对于生命的崇敬心。凡是信仰总是随时变迁的，信仰便是宗教的内容，故宗教的内容必随时而异。宗教的信条亦是无时不变的。"遵守神圣的安息日"，此教条往昔视为重大非凡，不得或违，在今人看来则殊觉无关紧要。时处今日，来一条"遵守神圣的国际条约！"的信条，这倒于世有益不浅。"别垂涎邻居的东西"这条教条，本含义至广，然另立一条"别垂涎邻国的领土"而以宗教的热诚信奉之，则较妥善多多，并更为有力量矣。"勿得杀人"的下面再加"并不得杀邻国的人"这几个字，则更为进步了。

这些信条，本该遵守，然事实上则并不。于现代世界中创造一个包含这些信条的宗教殊非易事。我们是生存在国际的社会中，然而没有一个国际的宗教。

我们乃是活在一个冷酷的时代中。今人对于自己及人类比一百五十年前法国的百科字典家还悲观无信念。与昔相较，我们愈不信奉自由、平等、博爱了。我们真愧对狄德罗及达郎贝耳诸人。国际道德从没如今这样坏过。"把这世界交给一九三〇至一九三九年的人们真是倒霉！"将来的历史家必须是这么写的。

只以人杀人一端而论，我们直是处于野蛮时代。野蛮道德加以机械化敢不是野蛮行为了吗？处于这个冷酷的时代唯有道家超然的愤世嫉俗主义是不冷酷的。然而这个世界终有一天自然而然地会变好的。目光放远点，你就不伤心了。

自知与终身之事业

傅斯年*

希腊七贤中有云，"汝其自知"。此语自解释上言之，颇多义蕴。姑取一端而论，则谓人宜有自知之明也。自知之人，度己之材，恰充其量，无过无不及。不完全者，人之性则然；盈于此者，恒绌于彼。人每有一节之长，而众节无不长者，则殊未有。审己之短，忘己之长，而因自馁者非是。忘己之短，从己之长，因而躬自尊大者，尤为非是。必自知周详，避短就长，然后一生事业，有所托命。否则己之不知，而况于人，而况于物，而况以己身遇事理之至赜乎。

人唯有自知之明，斯宜自度己材，择一适宜之终身之职业。盖终身之事业，必缘终身之职业以生。凡学与术，皆以习久而精。操一业以终其身，与数易其业者，所诣浅深，未可比论。故荀卿云："好稼者众矣，而稷独传者一也……好书者众矣，而仓颉独传者一也。"然世人恒不肯择一职业，终身守之，则亦有故。一为虚荣心所迫，二为侈养心所驱。社会上待遇各项职业，恒有荣卑之

* 傅斯年（1896—1950），初字梦簪，后字孟真，山东聊城人。著名历史学家、古典文学研究专家、教育家、学术领导人。五四运动学生领袖之一、中央研究院历史语言研究所的创办者。1929年后，曾任北京大学教授、代理校长，兼任北京大学文科研究所所长。

差。人不能无动于衷，乃舍其素业，以就其向所不习。"夫人幼而学之，壮而欲行之"，乃姑舍己以从人，"吾未见其尊己也"，是之谓虚荣心。职业无尊卑，而所入有差别。所入多者，可以应欲愿之求；举凡衣食寝处，不妨肆意为之。人见而羡之，以为己之所入，不能若人，则姑舍己以从彼；侈养于四体，而薄养于心性，是之谓侈养心。凡此二者，欲解其惑，则亦有说。知职业原属平等，虚荣心斯不足扰，知奉养之俭侈，与心神之局泰无与，侈养心斯无从生。各类职业，原无贵贱之别，苟非不正当之职业，未有不为社会所需要者。唯其皆为社会所需要，自无从判别其尊卑小大。社会上尊卑之见者，妄也。所入厚者，所需愈多，所累愈重，因之心境常不得安。故欲厚其养，唯有减其心神之安宁。心安则养薄，养厚则心促。以心境与奉养之度相乘，任在何人，其积每为一致。于此可知力求侈养者，"狙之朝四暮三"也。

《韩诗外传》记闵子骞云："出见裘马之肥则好之，入闻夫子之言则又好之。两心交战，故癯也。"不能择一职业，终身守之，以成终身之事业，能无癯乎？

知 惭 愧

张中行[*]

我因老而记忆力更下，只是有个模糊印象，什么人推重"知惭愧"这种心境。我偶然想起这种心境，觉得也确实值得推重，并想到，前些年写《顺生论》，"己身"部分应该包括这样一节，其时疏忽，未写，现在无妨亡羊补牢，用些时间，谈谈与此有关的一些情况。

知惭愧来于有一种心理状态，曰"惭愧"。惭愧也有来源，是我们相信世间事有"是非"，自己能够分辨是非，而言行，有时竟舍是而取非（大多是无意的）。承认有是非，言行未能走是的路，事后，内感到悔恨，外感到羞耻，我们说这是惭愧，或知惭愧。惭愧前加"知"，是强调"自己重视"。

人生，由能觉知、能思索到瞑目，理想的经历是"无愧"。正如天生之物或人造之物，都会有多种，无愧的情况也会有不同。举一时想到的。夭折是一种，因为几乎还未自主做什么就结束生

---

* 张中行（1909—2006），原名张璇，学名张璿，字仲衡，河北省香河县河北屯乡石庄（今属天津市武清区河北屯镇）人，著名学者、哲学家、散文家，主要从事语文、古典文学及思想史的研究。1935年，毕业于北京大学中国语言文学系，并改名为"中行"，1942年至1946年于北京大学任教，是20世纪末未名湖畔三雅士之一，与季羡林、金克木合称"燕园三老"。

命，自然就不会有失误，无失误就不会生惭愧心。另一种是《红楼梦》中傻大姐一流，心力有缺欠，可能不清楚是非的分界，也许就可以永远不感到惭愧吧？再一种是《水浒传》中陆谦一流，为利己而甘心损人，甚至乐于害人，推想被踏在林冲脚下之时是也不会感到惭愧的。还可以加一种是秦皇、汉武一流，一个人说了算，无往而不是，杀人如麻，堂上一呼，四海之内小民水深火热，估计直到大渐之时也不会想到心理活动中还有惭愧一项吧？以上几种，只有这一种最难捉摸，因为不能知道，比如栽了大跟头，倒了霉，清夜自思，他会不会承认自己错了。最后，也许只是理论上，要举出一种，是常人，有修养，能分辨是非，并能取是而舍非，不短命，由免于父母之怀到立遗嘱，日日三省，都不愧于屋漏，也就可以带着"无愧"二字离开这个世界。如此无愧，大好！问题是容易不容易，甚至可能不可能。说不可能，举证大难，因为要普查，古今中外，个个过关。说可能呢？显然，听到的人就会提出要求，希望举出一位看看。只说我自己，认识的人不少，如果让我举一位，一生言行无失误因而无愧的，这很难调查研究，只好凭常识判断，说必没有。所以我的意见是只好退一步，容忍某些（不是一切）失误，然后是坚决要求自己能够知惭愧。

　　容忍某些失误，不容忍另一些失误，意思是谈知惭愧，人的范围要有限，即只包括常人，而且承认有是非，所言所行，愿意取是而舍非的。愿意取是而舍非，乃主观愿望，不能保证必不失误；但可以给失误定个范围，即都不是主动的、有意的。被动，无意，失误就会微不足道吗？也不一定，因为评定失误的大小，既要从动机方面看，又要从结果方面看。不忽视结果，失误就可能于害己之外，还殃及有关的人。害也可能很轻微，甚至不显著，可是天知，地知，己知，总不如朝乾夕惕，不失误。说到这里，想想人生，想想世事，就不能不慨叹，是命定我们过于弱小，且不说不求安身立命的，即使立志求，也因为受诸多条件的限制，必是"欲寡其过而未能"。

至此，可以转为集中说过，即失误。前面已经缩小范围，限于本不想走错路而事与愿违的。但就是这缩小之后的，显然，由轻微到严重，也必是千头万绪、各式各样，连统计学家也难得说清楚。甚至只满足于归类也办不到。不得已，只好用举例法抓个秃子说说，可以类推及于一切和尚。但举例也最好有个引线，想了想，像是可以由"来由"方面下手。一时想到三种，都来于"天命之谓性"。所以确是大号的，这是一、不明智；二、因贵生而不得不食周粟；三、因生而有欲，欲则不能无求。以下依次说说。

先说不明智。明智指所知多，选定举措对。"知也无涯"，两千多年前的庄子早已慨乎言之。另一面，我们的天资和学力，即使双料幸运，也必有限，所以单说非专业性的知识，我们的所知也必是很可怜的，何况眼前有歧路，选定哪一条，还要受性格和一时情绪的影响。其结果，因人而异，总会有些人，碰到某机缘，举步的时候以为对了，及至走远了，碰了壁，或跌了跤，才恍然大悟，原来错了。举例，大大小小，俯拾即是，用买西瓜法，挑大个的。

接着说第二种来由的，因贵生而不得不食周粟，用俗语说是因为要活，有时饭碗非心所愿，也只好端。义不食周粟是伯夷、叔齐弟兄的故事，在生与义之间，他们如孟子所说，舍生而取义。在儒家的眼里，或扩大为在一般人的眼里，他们是好样的。好，见贤思齐，应该学。问题是容易不容易。事实证明是不容易。即如写《伯夷列传》的太史公司马迁，下蚕室，受腐刑，自己信为奇耻大辱，却还是不得不在汉武帝的眼皮底下忍痛活下去。怨要怨"天命之谓性"，人，包括宣扬悲观主义的叔本华在内，几乎都是惜命的。表现为行为是：为了活，可以干一切，忍一切；不得已而舍，总是最后才舍命。可是活，更多地要靠外界，而外界很少是能够随着主观愿望变化的。于是而必须主客观融合无间，始能保持"天地之大德曰生"，客硬，安如磐石，主就不得不屈就。屈就，非心所愿也，可是又能奈何？心安与活命不能两全，取前者而舍后者的人，古今都是很少的。顺水推舟，就举个古人为例，是魏晋之际的李密，不愿仕司马氏，上《陈情表》，以祖母年高为由，搪塞一阵子，到祖母作古，还是不得不出山效命，推想心情与上表时不会有异，若然，清夜自思，也会感到惭愧吧？

最后再说一种来自情欲的力量过大，知当节制而不能抗拒的。中土古代思想家，荀子是重视"欲"的。近代西方的精神分析学派也是这样。其实欲与生命是一回事，欲是求的原动力，要求而有得，生命才能维持，才能扩展。又是"天命之谓性"，人有了生，几乎所有的精力都汇聚到欲那里。还怕万一有疏漏，又生个守护和助长的力量，曰"情"，欲而求，求而得，就表现为快乐，反之就痛苦。佛家视世间生活为苦，想灭苦，找苦之原，看到

"情欲"的可怕，决心用"悟"的办法去掉它。至少由常人看，这看法和办法都是反常的，或超常的，但就理（情欲为苦之原）说并不错，至少是值得参考。这里各取所需，我们要承认情欲的力量确是过大，人生的不少失误是由这个渠道来。对付情欲的态度，或习惯，不少人是听之任之，因而失误就更容易。容易表现为量是更多。为了能够更鲜明地说明情欲难抗的情况，想举三宝之一宝的僧为例。情欲的所向，中土贤哲说是两个方面，曰饮食，曰男女。佛门四宏愿之一是"众生（即诸有情，大致相当于我们所谓动物）无边誓愿度"，所以定杀为第一大戒，表现于行事是不吃荤食。这对不对，可以不管，这里只说容易不容易。往者不可见，只说我认识的，根据考证方面的经验，是"说有易，说无难"，某某一生（只计僧腊）无的话只好不说，单说有，是确知，"只是不吃素"（笑话书，主人招待僧，问可否喝些酒，答可，只是不吃素）的并不少见。出家，犯戒是大事，竟至犯，可证情欲之力为更大。过渡到男女也是这样，或更是这样。实事不好说，也难知，无妨举戏剧为例，是僧下山了，尼思凡了。僧尼尚且如此，况街头巷尾的常人，程门立雪时可能默诵"四十不动心"，及至转入西厢，也就醉心于"怎当他临去秋波那一转"了。这是德与情的冲突，情占上风之时会兴奋，甚至迷乱，事过境迁，情前行至于情理，更前行至于德，就不能不感到惭愧。

三方面的例说完，可以总而言之，孔子"畏天命"的话是值得深思的，因为，纵使我们立志取是而舍非，为天命所限，有时还是不免于失误。所以只好退一步，推重知惭愧，盖这方面能知，就有利于改过，也就可以离进德修业近些。

　　该结束了，想到一个问题：以上都是就承认有是非（通常所谓公认的），并愿意取是而舍非的人说的，能不能扩大范围，也包括惯于己所不欲，施于人（上至指使纵容害人，下至造假烟假酒骗人）的？想了想，难。但绝望总是不好的，那就希望这类的上上下下，先唤回良心，然后想想受害受骗的，也知惭愧吧。

第四章

人生的责任是使社会进步

文明之消化

蔡元培

凡生物之异于无生物者，其例证颇多，而最著之端，则为消化作用。消化者，吸收外界适当之食料而制炼之，使类化为本身之分子，以助其发达，此自微生物以至人类所同具之作用也。

人类之消化作用，不惟在物质界，亦在精神界。一人然，民族亦然。希腊民族吸收埃及、腓尼基诸古国之文明而消化之，是以有希腊之文明；高尔、日耳曼诸族吸收希腊、罗马及阿拉伯之文明而消化之，是以有今日欧洲诸国之文明。吾国古代文明，有源出巴比伦之说，迄今尚未证实；汉以后，天方、大秦之文物，稍稍输入矣，而影响不著；其最著者，为印度之文明。汉季，接触之时代也；自晋至唐，吸收之时代也；宋，消化之时代也。吾族之哲学、文学及美术，得此而放一异彩。自元以来，与欧洲文明相接触，逾六百年矣，而未尝大有所吸收，如球茎之植物、冬蛰之动物，恃素所贮蓄者以自赡，日趋羸瘠，亦固其所。至于今日，始有吸收欧洲文明之机会，而当其冲者，实为我寓欧之同人。

吸收者，消化之预备。必择其可以消化者而始吸收之。食肉者弃其骨，食果者弃其核，未有浑沦而吞之者也。印度文明之输入也，其滋养果实为哲理，而埋蕴于宗教臭味之中。吸收者浑沦而吞之，致酿成消化不良之疾。钩稽哲理，如有宋诸儒，既不免拘牵门户之成见；而普通社会，为宗教臭味所熏习，迷信滋彰，至今为梗。欧洲文明，以学术为中坚，本视印度为复杂；而附属品之不可消化者，亦随而多歧。政潮之排荡，金力之劫持，宗教之拘忌，率皆为思想自由之障碍。使皆浑沦而吞之，则他日消化不良之弊，将视印度文明为尤甚。审慎于吸收之始，毋为消化时代之障碍，此吾侪所当注意者也。

且既有吸收，即有消化，初不必别有所期待。例如晋、唐之间，虽为吸收印度文明时代，而其时"庄""易"之演讲、建筑图画之革新，固已显其消化之能力，否则其吸收作用，必不能如是之博大也。今之于欧洲文明，何独不然。向使吾侪见彼此习俗之殊别，而不能推见其共通之公理，震新旧思想之冲突，而不能预为根本之调和，则臭味差池，即使强饮强食，其亦将出而哇之耳！当吸收之始，即参以消化之作用，俾得减吸收时代之阻力，此亦吾人不可不注意者也。

进化社会的人格教育

蒋梦麟

何谓人格？本个人固有之特性，具独立不移之精神，其蕴也如白玉，其发也如春日，而此特性，此精神，即所谓人格也。以此为目的之教育，即所谓人格教育也。

何谓进化社会？进化社会有三个条件：一曰社会所贮蓄之文明，能日日加增也，不能保守固有之文明，不必言进化。能保守矣而不能加增，亦不能言进化。故进化社会，须日日加增其文明也。二曰社会之度量，能包容新思想也。退化的社会，度量狭窄，凡有新学说出现，必挫折之，使无存在之机会，而后乃快。有清之文字狱，与俄帝国时代之压制言论自由，即其例也。三曰大多数之人民，能享文化之权利也。如文化限于少数之人，则少数人之思想纵或高尚，往往与一般普通社会相扞格。其结果也，于俄国则酿成虚无党，于中国则养成迂远不切事务之书呆子。少数之人，高谈阔论，不可一世，而多数国民，其劳力如牛马，其愚鲁如蠢豕，社会之前程，遂黑暗而无光。

以上之三条件具而后社会始能进化，故个人之居进化社会中，当负此三种之责任。欲负此三种之责任，必先养成有负此责任之能力。

此能力之基础有二：一曰能行，二曰能思。所谓能思者，养成清楚之头脑，并有肝胆说出其思想，不可抄人成语，亦不可唯唯诺诺地随人脚跟后讲胡话。所谓能行者，做事担得起责任，把肩膀直起来，万斤肩仔我来当。夫如是，始能增加文化，生出新思想。致使大多数人民能享文化之权利，则须仗教育之普及。

　　进化社会的人格，本上文人格之定义，与夫进化社会之条件，个人能力之基础，而作进化社会的人格之解释曰：本个人固有之特性，具独立不移之精神，其蕴也如白玉，其发也如春日，具清楚之头脑，担当万斤肩仔之气概，能发明新理而传布之，勇往直前，活泼不拘，居于一社会中，能使社会进步，而此特性，此精神，即所谓进化社会的人格也。以此为目的之教育，即所谓进化社会的人格教育也。

"宁鸣而死，不默而生"

胡适

几年前，有人问我，美国开国前期争自由的名言"不自由，毋宁死"（原文是Patrick Henry在1775年的"给我自由，否则给我死""Give me liberty，or give me death"），在中国有没有相似的话。我说，我记得是有的，但一时记不清是谁说的了。

我记得是在王应麟的《困学纪闻》里见过有这样一句话，但这几年我总没有机会去翻查《困学纪闻》。今天偶然买得一部影印元本的《困学纪闻》，昨天检得卷十七有这一条：

> 范文正《灵乌赋》曰："宁鸣而死，不默而生。"其言可以立懦。

"宁鸣而死，不默而生"，当时往往专指谏诤的自由，我们现在叫作言论自由。

范仲淹生在西历989年，死在1052年，他死了九百零三年了。他作《灵乌赋》答梅圣俞的《灵乌赋》，大概是在景祐三年（1036）他同欧阳修、余靖、尹洙诸人因言事被贬谪的时期，这比亨利·柏得烈的"不自由，毋宁死"的话要早七百四十年。这也可以特别记出，作为中国争自由史上的一段佳话。

梅圣俞名尧臣，生在西历1003年，死在1061年。他的集中有
《灵乌赋》，原是寄给范仲淹的。大意是劝他的朋友们不要多说话。
赋中有这句子：

> 凤不时而鸣，
> 乌哑哑兮招唾骂于里间。
> 乌兮，事将乖而献忠，
> 人反谓尔多凶。……
> 胡不若凤之时鸣，
> 人不怪兮不惊！……
> 乌兮，尔可，
> 吾今语汝，庶或我（原作汝，似误）听。
> 结尔舌兮钤尔喙，
> 尔饮啄兮尔自遂，
> 同翱翔兮八九子，
> 勿嗥啼兮勿睥睨，
> 往来城头无尔累。

这篇赋的见解、文辞都不高明（圣俞后来不知因何事很怨恨
范文正，又有《灵乌后赋》，说他"憎鸿鹄之不亲，爱燕雀之来
附。既不我德，又反我怒。……远己不称，昵己则誉"。集中又有
《谕乌诗》，说："乌时来佐凤，署置且非良。咸用所附己，欲同助
翱翔。"此下有一长段丑诋的话，好像也是骂范文正的。这似是圣
俞传记里一件疑案，前人似没有注意到）。

范仲淹作《灵乌赋》，有自序说：

梅君圣俞作是赋，曾不我鄙，而寄以为好，因勉而和之。庶几感物之意同归而殊途矣。

因为这篇赋是中国古代哲人争自由的重要文献，所以我多摘抄几句：

灵乌，灵乌，
尔之为禽兮何不高飞而远翥？
何为号呼于人兮告吉凶而逢怒！
方将折尔翅而烹尔躯，
徒悔焉而亡路。
彼哑哑兮如愬，
请臆对而忍谕：
我有生兮累阴阳之含育，
我有质兮虑天地之覆露。
长慈母之危巢，
托主人之佳树。
……
母之鞠兮孔艰，
主之仁兮则安。
度春风兮既成我以羽翰，
眷高柯兮欲去君而盘桓。

思报之意，厥声或异：

忧于未形，恐于未炽。

知我者谓吉之先，

不知我者谓凶之类。

故告之则反灾于身，

不告之则稔祸于人。

主恩或忘，我怀靡臧。

虽死而告，为凶之防。

亦由桑妖于庭，惧而修德，俾王之兴；

雉怪于鼎，惧而修德，俾王之盛。

天听甚迩，人言曷病！

被希声之凤皇，

亦见讥于楚狂。

彼不世之麒麟，

亦见伤于鲁人。

凤岂以讥而不灵？

麟岂以伤而不仁？

故割而可卷，孰为神兵？

焚而可变，孰为英琼？

宁鸣而死，不默而生！

胡不学太仓之鼠兮，

何必仁为，丰食而肥？

仓苟竭兮，吾将安归！

又不学荒城之狐兮，

何必义为，深穴而威？
城苟圮兮，吾将畴依！
……
我乌也勤于母兮自天，
爱于主兮自天。
人有言兮是然，
人无言兮是然。

这是九百多年前一个中国政治家争取言论自由的宣言。

赋中"忧于未形，恐于未炽"两句，范公在十年后（1046），在他最后被贬谪之后一年，作《岳阳楼记》，充分发挥成他最有名的一段文字：

嗟夫，予尝求古仁人之心……不以物喜，不以己悲，居庙堂之高则忧其民，处江湖之远则忧其君，是进亦忧，退亦忧。然则何时而乐耶？其必曰"先天下之忧而忧，后天下之乐而乐"乎。噫，微斯人，吾谁与归？

当前此三年（1043）他同韩琦、富弼同在政府的时期，宋仁宗有手诏，要他们"尽心为国家诸事建明，不得顾忌"。范仲淹有《答手诏条陈十事》，引论里说：

我国家革五代之乱，富有四海，垂八十年。纲纪制度，日削月侵，官壅于下，民困于外，夷狄骄盛，寇盗横炽，不可不更张以救之。

这是他在那所谓"庆历盛世"的警告。那十事之中，有"精贡举"一事，他说：

　　……国家乃专以辞赋取进士，以墨义取诸科，士皆舍大方而趋小道。虽济济盈庭，求有才有识者，十无一二。况天下危困，乏人如此，将何以救？在乎教以经济之才，庶可以救其不逮。或谓救弊之术无乃后时？臣谓四海尚完，朝谋而夕行，庶乎可济。安得晏然不救，坐俟其乱哉？

这是在中原沦陷之前八十三年提出的警告，这就是范仲淹说的"忧于未形，恐于未炽"，这就是他说的"先天下之忧而忧"。

从中国向来知识分子的最开明的传统看，言论的自由，谏诤的自由，是一种"自天"的责任，所以说，"宁鸣而死，不默而生"。

从国家与政府的立场看，言论的自由可以以鼓励人人肯说"忧于未形，恐于未炽"的正论危言，来替代小人们天天歌功颂德、鼓吹升平的滥调。

差不多先生传

胡适

你知道中国最有名的人是谁？

提起此人，人人皆晓，处处闻名。他姓差，名不多，是各省各县各村人氏。你一定见过他，一定听过别人谈起他。差不多先生的名字天天挂在大家的口头，因为他是中国全国人的代表。

差不多先生的相貌，和你我都差不多。他有一双眼睛，但看得不很清楚；有两只耳朵，但听得不很分明；有鼻子和嘴，但他对于气味和口味都不很讲究。他的脑子也不小，但他的记性却不很精明，他的思想也不很细密。

他常说："凡事只要差不多，就好了。何必太精明呢？"

他小的时候，他妈叫他去买红糖，他买了白糖回来。他妈骂他，他摇摇头说："红糖白糖不是差不多吗？"

他在学堂的时候，先生问他："直隶省的西边是哪一省？"他说是陕西。先生说："错了。是山西，不是陕西。"他说："陕西同山西，不是差不多吗？"

后来他在一个钱铺里做伙计，他也会写，也会算，只是总不会精细。十字常常写成千字，千字常常写成十字。掌柜的生气了，常常骂他。他只是笑嘻嘻地赔礼道："千字比十字只多一小撇，不是差不多吗？"

有一天，他为了一件要紧的事，要搭火车到上海去。他从从容容地走到火车站。迟了两分钟，火车已开走了。他白瞪着眼，望着远远的火车上的煤烟，摇摇头道："只好明天再走了，今天走同明天走，也还差不多。可是火车公司未免太认真了。八点三十分开，同八点三十二分开，不是差不多吗？"他一面说，一面慢慢地走回家，心里总不明白为什么火车不肯等他两分钟。有一天，他忽然得了急病，赶快叫家人去请东街的汪医生。那家人急急忙忙地跑去，一时寻不着东街的汪大夫，却把西街牛医王大夫请来了。差不多先生病在床上，知道寻错了人；但病急了，身上痛苦，心里焦急，等不得了，心里想道："好在王大夫同汪大夫也差不多，让他试试看吧。"于是这位牛医王大夫走近床前，用医牛的法子给差不多先生治病。不上一点钟，差不多先生就一命呜呼了。

差不多先生差不多要死的时候，一口气断断续续地说道："活人同死人也差……差……差不多。……凡事只要……差……差……不多……就……好了，……何……何……必……太……太认真呢？"他说完了这句格言，方才断气了。

他死后，大家都很称赞差不多先生样样事情看得破，想得通；大家都说他一生不肯认真，不肯算账，不肯计较，真是一位有德行的人。于是大家给他取个死后的法号，叫他做圆通大师。

他的名誉越传越远，越久越大。无数无数的人都学他的榜样。于是人人都成了一个差不多先生。——然而中国从此就成为一个懒人国了。

容忍与自由

胡适

十七八年前，我最后一次会见我的母校康耐儿大学的史学大师布尔先生（George Lincoln Burr）。我们谈到英国史学大师阿克顿（Lord Acton）一生准备要著作一部《自由之史》，没有写成他就死了。布尔先生那天谈话很多，有一句话我至今没有忘记。他说："我年纪越大，越感觉到容忍（tolerance）比自由更重要。"

布尔先生死了十多年了，他这句话我越想越觉得是一句不可磨灭的格言。我自己也有"年纪越大，越觉得容忍比自由还更重要"的感想，有时我竟觉得容忍是一切自由的根本：没有容忍，就没有自由。

我17岁的时候（1908年）曾在《竞业旬报》上发表几条《无鬼丛话》，其中有一条是痛骂小说《西游记》和《封神榜》的，我说：

> 《王制》有之："假于鬼神时日卜筮以疑众，杀。"吾独怪夫数千年来之排治权者，之以济世明道自期者，乃懵然不之注意，惑世诬民之学说得以大行，遂举我神州民族投诸极黑暗之世界！

　　这是一个小孩子很不容忍的"卫道"态度。我在那时候已是一个无鬼论者、无神论者，所以发出那种摧除迷信的狂论，要实行《王制》(《礼记》的一篇)的"假于鬼神时日卜筮以疑众，杀"的一条经典！

　　我在那时候当然没有梦想到说这话的小孩子在15年后（1923年）会很热心地给《西游记》作两万字的考证！我在那时候当然更没有想到那个小孩子在二三十年后还时时留心搜求可以考证《封神榜》的作者的材料！我在那时候也完全没有想想《王制》那句话的历史意义。那一段《王制》的全文是这样的：

　　　　析言破律，乱名改作，执左道以乱政，杀。作淫声、异服、奇技、奇器以疑众，杀。行伪而坚，言伪而辩，学非而博，顺非而泽以疑众，杀。假于鬼神时日卜筮以疑众，杀。此四诛者，不以听。

　　我在50年前，完全没有懂得这一段话的"诛"正是中国专制政体之下禁止新思想、新学术、新信仰、新艺术的经典的根据。我在那时候抱着"破除迷信"的热心，所以拥护那"四诛"之中的第四诛："假于鬼神时日卜筮以疑众，杀。"我当时完全没有想到第四诛的"假于鬼神……以疑众"和第一诛的"执左道以乱政"的两条罪名都可以用来摧残宗教信仰的自由，我当时也完全没有注意到郑玄注里用了公输般作"奇技异器"的例子，更没有注意到孔颖达《正义》里举了"孔子为鲁司寇七日而诛少正卯"的例子来解释"行伪而坚，言伪而辩，学非而博，顺非而泽以疑众，杀"。故第二诛可以用来禁绝艺术创作的自由，也可以用来"杀"许多发明"奇技异器"的科学家，故第三诛可以用来摧残思想的自由、言论的自由、著作出版的自由。

我在50年前引用《王制》第四诛，要"杀"《西游记》《封神榜》的作者。那时候我当然没有梦想到十年之后我在北京大学教书时就有一些同样"卫道"的正人君子也想引用《王制》的第三诛，要"杀"我和我的朋友们。当年我要"杀"人，后来人要"杀"我，动机是一样的：都只因为动了一点正义的火气，就都失掉容忍的度量了。

我自己叙述50年前主张"假于鬼神时日卜筮以疑众，杀"的故事，为的是要说明我年纪越大，越觉得"容忍"比"自由"还更重要。

我到今天还是一个无神论者，我不信有一个有意志的神，我也不信灵魂不朽的说法。我能够容忍一切信仰有神的宗教，也能够容忍一切诚心信仰宗教的人。——这就是我50年前幼稚而又狂妄的不容忍的态度了。

我自己总觉得，这个国家、这个社会、这个世界，绝大多数人是信神的，居然能有这雅量，能容忍我的无神论，能容忍我这个不信神也不信灵魂不灭的人，能容忍我在国内和国外自由发表我的无神论的思想，从没有人因此用石头掷我，把我关在监狱里，或把我捆在柴堆上用火烧死。我在这个世界里居然享受了四十多年的容忍与自由，我觉得这个国家、这个社会、这个世界对我的容忍度量是可爱的，是可以感激的。

所以我自己总觉得我应该用容忍的态度来报答社会对我的容

忍，所以我自己不信神，但我能诚心地谅解一切信神的人，也能诚心地容忍并且敬重一切信仰有神的宗教。

我要用容忍的态度来报答社会对我的容忍，因为我年纪越大，我越觉得容忍的重要意义。若社会没有这点容忍的气度，我决不能享受四十多年大胆怀疑的自由，公开主张无神论的自由了。

在宗教自由史上，在思想自由史上，在政治自由史上，我们都可以看见容忍的态度是最难得、最稀有的态度。人类的习惯总是喜同而恶异的，总不喜欢和自己不同的信仰、思想、行为，这就是不容忍的根源。不容忍只是不能容忍和我自己不同的新思想和新信仰，一个宗教团体总相信自己的宗教信仰是对的，是不会错的，所以它总相信那些和自己不同的宗教信仰必定是错的，必定是异端、邪教。一个政治团体总相信自己的政治主张是对的，是不会错的，所以它总相信那些和自己不同的政治见解必定是错的，必定是敌人。

一切对异端的迫害，一切对"异己"的摧残，一切宗教自由的禁止，一切思想言论的被压迫，都由于这一点深信自己是不会错的心理。因为深信自己是不会错的，所以不能容忍任何和自己不同的思想信仰了。

试看欧洲的宗教革新运动的历史。马丁·路德（Martin Luther）和约翰·高尔文（John Calvin）等人起来革新宗教，本来是因为他们不满意于罗马旧教的种种不容忍、种种不自由。但是新教在中欧北欧胜利之后，新教的领袖们又都渐渐走上了不容忍的路上去，也不容许别人起来批评他们的新教条了。高尔文在日内瓦掌握了宗教大权，居然会把一个敢独立思想、敢批评高尔文的教条的学者塞维图斯（Servetus）定了"异端邪说"的罪名，把他用铁链锁在木桩上，堆起柴来，慢慢地活活烧死，这是1553年10月23日的事。

这个殉道者塞维图斯的惨史，最值得人们的追念和反省。宗教革新运动原来的目标是要争取"基督教的人的自由"和"良心的自由"，何以高尔文和他的信徒们居然会把一位独立思想的新教徒用火慢慢地烧死呢？何以高尔文的门徒（后来继任高尔文为日内瓦的宗教独裁者）柏时（Beze）竟会宣言"良心的自由是魔鬼的教条"呢？

基本的原因还是那一点深信我自己是"不会错的"的心理。像高尔文那样虔诚的宗教改革家，他自己深信他的良心确是代表上帝的命令，他的口和他的笔确是代表上帝的意志，那么他的意见还会错吗？他还有错误的可能吗？在塞维图斯被烧死之后，高尔文曾受到不少人的批评。1554年，高尔文发表一篇文字为他自己辩护，他毫不迟疑地说："严厉惩治邪说者的权威是无可疑的，因为这就是上帝自己说话。……这工作是为上帝的光荣战斗。"

上帝自己说话，还会错吗？为上帝的光荣作战，还会错吗？这一点"我不会错"的心理，就是一切不容忍的根苗。深信我自己的信念没有错误的可能（infallible），我的意见就是"正义"，反对我的人当然都是"邪说"了。我的意见代表上帝的意旨，反对我的人的意见当然都是"魔鬼的教条"了。

这是宗教自由史给我们的教训：容忍是一切自由的根本，没有容忍"异己"的雅量，就不会承认"异己"的宗教信仰可以享自由。但因为不容忍的态度是基于"我的信念不会错"的心理习惯，所以容忍"异己"是最难得、最不容易养成的雅量。

在政治思想上，在社会问题的讨论上，我们同样地感觉到不容忍是常见的，而容忍总是很稀有的，我试举一个死了的老朋友的故事作例子。四十多年前，我们在《新青年》杂志上开始提倡白话文学的运动，我曾从美国寄信给陈独秀，我说：

> 此事之是非，非一朝一夕所能定，亦非一二人所能定，甚愿国中人士能平心静气与吾辈同力研究此问题。讨论既熟，是非自明。吾辈已张革命之旗，虽不容退缩，然亦绝不敢以吾辈所主张为必是而不容他人之匡正也。

独秀在《新青年》上答我道：

> 鄙意容纳异议，自由讨论，固为学术发达之原则，独于改良中国文学当以白话为正宗之说，其是非甚明，必不容反对者有讨论之余地；必以吾辈所主张者为绝对之是，而不容他人之匡正也。

我当时看了就觉得这是很武断的态度。现在在四十多年之后，我还忘不了独秀这一句话，我还觉得这种"必以吾辈所主张者为绝对之是"的态度是很不容忍的态度，是最容易引起别人的恶感，是最容易引起反对的。

我曾说过，我应该用容忍的态度来报答社会对我的容忍。我现在常常想我们还得戒律自己：我们若想别人容忍谅解我们的见解，我们必须先养成能够容忍谅解别人的见解的度量，至少我们应该戒约自己决不可"以吾辈所主张者为绝对之是"。我们受过实验主义的训练的人，本来就不承认有"绝对之是"，更不可以"以吾辈所主张者为绝对之是"。

中国狗和中国人

傅斯年

　　有一天，我见着一位北京警犬学校的人，问他道："你们训练的狗，单是外国种呢？或是也有中国狗？"他答："单是外国种的狗。中国狗也很聪明，它的嗅觉有时竟比外国狗还要灵敏，不过太不专心了。教它去探一件事，它每每在半路上，碰着母狗，或者一群狗打架，或者争食物的时候，把它的使命丢开了。所以教不成才。"

　　我听了这一番话，很有点感触，何以中国狗这样的像中国人呢？不是不聪明，只是缺乏责任心——他俩一样。中国人"小时了了"的很多，大了，几乎人人要沉沦。留学在国外的成绩颇不恶——胡适之先生说，只有犹太人在美国大学的成绩最好，其次便是中国学生；至于真美国人，远不如这两种民族——然而一经回国，所学的都向爪哇国去了。大约也是遇着了母狗，或者加入一群狗打架，或者争食物，所以就把已经觉悟的使命丢掉了。

　　中国狗和中国人同生在一个地带，一个社会以内，因为受一样环境的支配，和西洋的狗和人比起来，自必有人狗一致的中国派的趋向。和狗有同样的趋向，并不是可羞的事。所不得了者，这趋向偏偏是无责任心。

　　我以为中国人的无责任心，真要算达于极点了。单独的行动，百人中有九十九个是卑鄙的。为什么呢？卑鄙可以满足他自身肉体的快乐——他只对这个负责任——至于卑鄙而发生的许多恶影响，反正他以为在别人身上，他是对于自己以外的不负责任的，所以不顾了。团体的行动，百人中有九十九是过度的：斗狠起来过度；求的目的便在度之外，手段更是过度的。这可就中国历年的政争证明。为什么要这样呢？他以为虽过度了，于他自己无害，成功了他可抢得很多的一份，失败了人人分一份，他所分的一份也不比别人多，所以不择手段。一人得，或一团体得，而国家失的事，屡屡得见。现在"鱼行"当道固不必说了，就是前几年也有若干溢出轨道的事；若国会的解散，六年临时参议院的召集等等，都是以一团体的利害做前提，而把国家的根本组织打散。我很觉得中国人没有民族的责任心——这就是不怕亡国灭种。我又觉得中国人没有事业的责任心——所以成就的事业极少。没有私立的学校，公立的学校也多半是等于官署；没有有力的工厂；没有不磨的言论机关。一时要做事业，不过预备他交游攘臂的媒介物：一旦求得善价，还是沽出去罢！

中国人所以到了这个地步，不能不说是受历史的支配。专制之下，自然无责任可负；久而久之，自然成遗传性。中国狗所以如此，也是遗传性。中国狗满街走是没有"生活"的。西洋狗是猎物种，当年的日耳曼人就极爱狗，常教狗做事，不专教它跑街，所以责任心不曾忘了。中国人在专制之下，所以才是散沙。西洋人在当年的贵族时代，中流阶级也还有组织，有组织便有生活，有生活便有责任心。中国人没有责任心，也便没有生活。不负责任地活着，自然没有活着的生趣。

我总觉得中国人的民族是灰色的，前途希望很难说。自"五四运动"以后，我才觉得改造的基本的萌芽露出了。若说这五四运动单是爱国运动，我便不赞一词了：我对这五四运动所以重视的，为它的出发点是直接行动，是唤起公众责任心的运动。我是绝不主张国家主义的人；然而人类生活的发挥，全以责任心为基石。所以，五四运动自是今后偌大的一个平民运动的最先一步。

不过这一线光明也很容易烟消云散。若不把"社会性"用心地培植一番——就是使责任心成习惯——恐怕仍是个不熟而落的果子。

前清末年的改造运动，无论它革命也罢，立宪也罢，总有坚忍不拔、蓬蓬勃勃的气象，总算对于民族责任心有透彻的觉悟，民国元二年间更是朝气瞳瞳。然而一经袁世凯的狂风暴雨，全国人的兽性大发作。官僚武人在那里趁火打劫，青年人便预备着趁火打劫。所以我以为中国人觉悟还算容易，最难的是把这觉悟维持着，发挥去。

我们自己以为是有新思想的人，别人也说我们有新思想。我以为惭愧得很，我们生理上、心理上，驮着二三千年的历史——为遗传性的缘故——又在"中国化"的灰色水里，浸了二十多年，现在住着的，又是神堂，天天必得和庙祝周旋揖让。所以就境界上和习惯上讲去，我们只可说是知道新思想可贵的人，并不是彻底地把新思想代替了旧思想的人。我不曾见过一个能把新思想完全代替了旧思想的人。我们应常常自反，我们若生在皇帝时代，能不能有一定不做官的决心？学生在科举时代，能不能一定不提考篮？能不能有绝俗遗世的魄力？不要和好人比，单和阮嗣宗、李卓吾、袁子才一流败类比，我们有没有他们那样敢于自用的魄力？我们并袁子才的不成才的魄力而亦没有，那么，后人看我们，和我们看前人一样，我们现在腼颜自负的觉悟，不和当年提过考篮而不中秀才的人发生一种"生不逢时"的感情一样么？有什么了不起呢？这感情能造出什么生活来呢？

　　所以新思想不是即刻能贯彻了的，我们须得改造习惯。

"作揖主义"

刘半农[*]

　　有位尹先生，是我一个畏友，他与我们谈天，常说，"生平服膺'红老之学'"。"红"，就是《红楼梦》；"老"，就是《老子》。这"红老之学"的主旨，简便些说，就是无论什么事，都听其自然。听其自然又是怎么样呢？尹先生说："譬如有人骂我，我们不必还骂：他一面在那里大声疾呼地骂人，一面就是他打他自己。我们在旁边看看，也很好，何必费着气力去还骂他？又如有一只狗，要咬我们，我们不必打它，只是避开了就算；将来有两只狗碰了头，它自然会互咬起来。所以我们做事，只需抬起了头，向前直进，不必在这'抬头直进'四个字以外，再管什么闲事。这就叫作听其自然，也就是'红老之学'的精神。"我想这一番话，很有些同 Tolstoy 的"不抵抗主义"相像，不过尹先生换了个"红老之学"的游戏名词罢了。

　　"不抵抗主义"我向来很赞成，不过因为它有些偏于消极，不敢实行。现在一想，这个见解实在是大谬。为什么？因为"不抵抗主义"面子上是消极，骨底是最经济的积极。我们要办事有成

---

[*] 刘半农（1891—1934），原名寿彭，后名复，初字半侬，后改半农，晚号曲庵，江苏江阴人，中国新文化运动先驱，文学家、语言学家和教育家。1917年、1925年后任北京大学教授。

效，假使不实行这主义，就免不了消费精神于无用之地。我们要保存精神，在正当的地方用，就不得不在可以不必的地方节省些。这就是以消极为积极；不有消极，就没有积极。既如此，我也要用些游戏笔墨，造出一个"作揖主义"的新名词来。

"作揖主义"是什么呢？请听我说：——

譬如朝晨起来，来的第一客，是位前清遗老。他拖了辫子，弯腰曲背走进来，见了我，把眼镜一摘，拱拱手说："你看！现在是世界不是世界了，乱臣贼子，遍于国中，欲求天下太平，非请宣统爷正位不可。"我急忙向他作了个揖，说："老先生说的话，很对很对。领教了，再会吧。"

第二客，是个孔教会会长。他穿了白洋布做的"深衣"，古颜道貌地走进来，向我说："孔子之道，如日月经天，江河行地。现在我们中国，正是四维不张、国将灭亡的时候，倘不提倡孔教，昌明孔道，就不免为印度波兰之续。"我急忙向他作了个揖，说："老先生说的话，很对很对。领教了，再会吧。"

第三客，是位京官老爷。他衣冠楚楚，一摆一踱地走进来，向我说："人的根，就是丹田。要讲卫生，就要讲丹田的卫生。要讲丹田的卫生，就要讲静坐。你要晓得，这种内功，常做了可以成仙的呢！"我急忙向他作了个揖，说："老先生说的话，很对很对。领教了，再会吧。"

第四、五客，是一位北京的评剧家，和一位上海的评剧家，手携着手同来的。没有见面，便听见一阵"梅郎""老谭"的声音。见了面，北京的评剧家说："打把子有古代战术的遗意，脸谱是画在脸孔上的图案，所以旧戏是中国文学美术的结晶体。"上海的评剧家说："这话说得不错呀！我们中国人，何必要看外国戏；中国戏自有好处，何必去学什么外国戏？你看这篇文章，就是这一位方家所赏识的；外国戏里，也有这样的好处么？"他说到"方家"二字，翘了一个大拇指，指着北京的评剧家，随手拿出一张《公言报》递给我看。我一看那篇文章，题目是《佳哉梦也》四个字，我急忙向两人各各作了一个揖，说："两位老先生说的话，很对很对。领教了，再会吧。"

第六客是个玄之又玄的鬼学家。他未进门，便觉得阴风惨惨，阴气逼人，见了面，他说："鬼之存在，至今日已无丝毫疑义。为什么呢？因为人所居者为'显界'，鬼所居者，尚别有一界，名'幽界'。我们从理论上去证明他，是鬼之存在，已无疑义。从实质上去证明他，是搜集种种事实，助以精密之器械，继以正确之试验，可知除显界外，尚有一幽界。"我急忙向他作了个揖，说："老先生说的话，很对很对，领教了，再会吧。"

末了一位客，是王敬轩先生。他的说话最多，洋洋洒洒，一连谈了一点多钟，把"中学为体，西学为用"八个字，发挥得详尽无遗，异常透彻。我屏息静气听完了，也是照例向他作了个揖，说："老先生的话，很对很对。领教了，再会吧。"

如此东也一个揖，西也一个揖，把这一帮老伯、老叔、仁兄大人送完了，我仍旧做我的我；要办事，还是办我的事；要有主张，还仍旧是我的主张。这不过忙了两只手，比用尽了心思脑力唇焦舌敝地同他辩驳，不省事得许多么？

何以我要如此呢？

因为我想到前清末年，官与革命党两方面：官要尊王，革命党要排满；官说革命党是"匪"，革命党说官是"奴"。这样的牛头不对马嘴，若是双方辩论起来，便到地老天荒，恐怕大家还都是个"缠夹二先生"，断断不能有什么谁是谁非的分晓。所以为官计，不如少说闲话，切切实实想些方法去捉革命党。为革命党计，也不如少说闲话，切切实实想些方法去革命。这不是一刀两断，最经济最爽快的办法么？

我们对于我们的主张，在实行一方面，尚未能尽到相当的职务，自己想想，颇觉惭愧。不料一般社会的神经过敏，竟把我们看得像洪水猛兽一般。既是如此，我们感激之余，何妨自贬身价，处于"匪"的地位；却把一般社会的身价抬高——这是一般社会心目中之所谓高——请他处于"官"的地位？自此以后，你做你的官，我做我的匪。要是做官的做了文章，说什么"有一班乱骂派读书人，其狂妄乃出人意表。所垂训于后学者，曰不虚心，曰乱说，曰轻薄，曰破坏。凡此恶德，有一于此，即足为研究学问之障，而况兼备之耶？"我们看了，非但不还骂，不与他辩，而且还要像我们江阴人所说的"乡下人看告示，奉送他'一片大道理'五个字"。为什么？因为他们本来是官，这些话说，本来是"出示晓谕"以下，"右仰通知"以上应有的文章。

到将来，不幸而竟有一天，做官的诸位老爷们额手相庆曰："谢天谢地，现在是好了，洪水猛兽，已一律肃清，再没有什么后生小子，要用夷变夏，蔑污我神州四千年古国的文明了。"那时候，我们自然无话可说，只得像北京刮大风时坐在胶皮车上一样，一壁叹气，一壁把无限的痛苦尽量咽到肚子里去；或者竟带了这种痛苦，埋入黄土，做蝼蚁们的食料。

　　万一的万一竟有一天变作了我们的"一千九百十一年十月十日"了，那么，我一定是个最灵验的预言家。我说那时的官老爷，断断不再说今天的官话，却要说："我是几十年前就提倡新文明的，从前陈独秀、胡适之、陶孟和、周启明、唐元期、钱玄同、刘半农诸先生办《新青年》时，自以为得风气之先，其时我的新思想，还远比他们发生得早咧。"到了那个时候，我又怎么样呢？我想，一千九百十一年以后，自称"老同盟"的很多，真正的"老同盟"也没有方法拒绝这班新牌"老同盟"。所以我到那时，还是实行"作揖主义"，他们来一个，我就一个揖，说："欢迎！欢迎！欢迎新文明的先觉！"

心气薄弱之中国人

傅斯年

当年顾宁人先生曾有句道理极确、形容极妙的话，说"南方之学者，'群居终日，言不及义'；北方之学者，'饱食终日，无所用心'"。到了现在，已经二百多年了，这评语仍然是活泼泼的。

我也从《论语》上，找到一句话，可以说是现在一般士流里的刻骨的病，各地方人多半都如此——仔细考究起来，文化开明的地方尤其厉害——就是"好行小慧"。

什么是大慧，什么是真聪明，本来是句很难解决的话。照最粗浅的道理说，聪明是一种能力，用来作深邃的、精密的、正确的判断，而又含有一种能力，使这判断"见诸行事"。并不是外表的涂饰，并不是似是而非的伎俩。

但是现在中国士流里的现象是怎样？一般的人，只讲究外表的涂饰，只讲究似是而非的伎俩。论到做事，最关切的是应酬。论到求学，最崇尚的是目录的学问，没道理的议论，油滑的文调。"圆通""漂亮""干才"……一切名词，是大家心里最羡慕的，时时刻刻想学的。他只会"弄鬼"，不知道用他的人性。他觉着天地间一切事情，都可以"弄鬼"得来。只管目前，不管永远；只要敷衍，不问正当解决办法；只要外面光，不要里面实在。到处用偏锋的笔法，到处用浅薄的手段。

　　本来缺乏作正确判断的能力，又不肯自居于不聪明之列，专做质直的事情，自然要借重"小慧"了。觉得"小慧"可以应付天地间一切事情，无须真聪明，就成了"小慧主义"了。世上所谓聪明人，一百个中，差不多有九十九个是似聪明，似聪明就是"小慧"。唯其似聪明而不是聪明，更不如不聪明的无害了。

　　何以中国人这样"好行小慧"呢？我自己回答道，"小慧"是心气薄弱的现象；一群人发行小慧，是这群人心气薄弱的证据。中国人心气薄弱，所以"好行小慧"；就他这"好行小慧"，更可断定他心气薄弱。现在世界上进步的事业，哪一件不是一日千里！哪一件不用真聪明！真毅力！哪一件是小慧对付得来的！——可叹这心气薄弱的中国人！

　　人总要有主义的。没主义，便东风来了西倒，西风来了东倒，南风来了北倒，北风来了南倒。

　　没主义的不是人，因为人总应有主义的。只有石头、土块、草、木、禽兽、半兽的野蛮人，是没灵性，因而没主义的。

　　没主义的人不能做事。做一桩事，总要定个目的，有个达这目的的路径。没主义的人，已是随风倒，任水飘，如何定这目的？如何找这路径？既没有独立的身格，自然没有独立的事业了。

　　没主义的人，不配发议论。议论是非，判断取舍，总要照个标准。主义就是他的标准。去掉主义，什么做他的标准？既然没有独立的心思，自然没有独立的见解了。

　　我有几个问题要问大家：

　　（1）中国的政治有主义吗？

　　（2）中国一次一次的革命，是有主义的革命吗？

（3）中国的政党是有主义的吗？

（4）中国人有主义的有多少？

（5）中国人一切的新组织、新结合，有主义的有多少？

任凭他是什么主义，只要有主义，就比没主义好。就是他的主义是辜汤生、梁巨川、张勋……都可以，总比见风倒的好。

中国人所以这样没主义，仍然是心气薄弱的缘故。可叹这心气薄弱的中国人！

第五章

跋涉与追寻

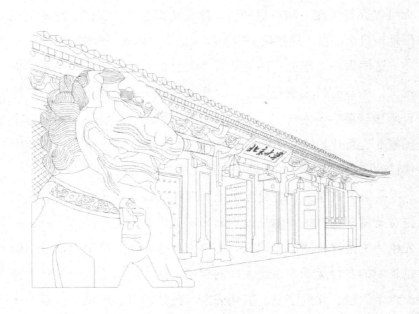

新 年 的 梦 想

胡适

新年前的两日，我正在作长途的旅行。寂寞的旅途是我最欢迎的，因为平常某日有应做的事，有不能不见的客，很少有整天可以自由用来胡思乱想的；只有在火车和轮船上，如果熟人不多，大可以终日关在一间小房间里，靠在枕头上，让记忆和想象上天下地地自由活动，这在我们穷忙的人是最快乐的一件事。

这两天在火车上，因为要替《大公报》写新年的第一篇星期论文，虽然有机会胡思乱想，总想从跑野马的思路里寻一个好题口来做这篇应节的文字，所以我一路上想的是"我盼望我们这个国家在这新开始的一年里可以做到的几件什么事"。我是向来说平实话的，所以跑野马的结果也还是"卑之无甚高论"。

我上了火车，就想起上次十月底我南行时在火车上遇着的一位奇特的朋友：这人就是国联派来的卫生专家史丹巴（Stampper）先生，他是犹哥斯拉夫国的一个伟人，他在他自己国内曾尽力做过长期的乡村运动，很受人民的敬爱：他在中国十二个月，走遍十六个省份，北到宁夏，南到云南，到处创设卫生机关。在中国的无数外国专家，很少（也许绝无）人有他那样勤苦尽力的。

在平浦的火车里，史丹巴先生和我谈了许多话，其中有一段话我最不能忘记。他说："先生，中国有一个最大的危险，有一件最不公道的罪恶，是全世界文明国家所决不容许的。中国整个政府的负担，无论是中央或地方政府，全都负担在那绝大多数的贫苦农民的肩背上；而有资产的阶级差不多全没有纳税的负担。越有钱，越可以不纳税；越没钱，纳税越重。这是全世界没有的绝大不公平。这样的国家是时时刻刻可以崩溃的。"

史丹巴先生悲愤地指出的罪恶，是值得我们深刻地惭愧、诚恳地忏悔、勇猛地补救的。我们的赋税制度实在是太不公道了。抽税的轻重应该是依据纳税的能力的大小，而我们的赋税却是依据避税的本领的大小：有力抗税则无税，有法嫁税则无税，而无力抗税又无法嫁税的农民则赋税特别繁重。不但钱粮票附加到几倍或几十倍，小百姓挑一担菜进城，赶一头猪上市，甚至于装一船粪过河，都得纳重税。而社会上最有经济能力的阶级，除了轻微到不觉得的间接税之外，可以说是完全不用纳税。在许多地方，土豪劣绅不但不用纳税，还可以包庇别人不纳税，而他们抽分包庇的利益。都市里有钱有势的人们，连房捐都可以不纳，收税机关也不敢过问。所得税办到今天，还只限于官吏和公立学校的教员；而都市商家、公司银行，每年公布巨大盈余，每年公然分依红利，国家从不能抽他一个钱的所得税。国家财政所靠的三五项大宗收入，关税、盐税、田税、统税，其最大负担都压在那百分之九十几的贫苦农民身上。人民吃不起盐了，穷到刨削土地上的硝盐，又还要犯罪受罚！

这种情形真是一个文明国家不能容许的。所以我的第一个新年梦想是梦想在这个新年里可以看见中国赋税制度的转变，从间接税转变到注意直接税，从贫民负担转变到依纳税能力级进的公开原则。遗产税是应该举办的；所得税应该从速推进到一切有营利可以稽查的营业。

我这回在火车上遇着一位在上海做律师的朋友，他告诉我一个故事也使我很感动。他说有一天，他同一位俄国朋友到上海新开幕的"国际大饭店"去吃饭，那位俄国朋友参观了那个最新式的大饭店的种种设备，忍不住说了一句话："华丽和舒服都够得上第一等了，可惜不是中国今日顶需要的。"他接着说："中国今日还不能解决人民的吃饭问题，中国资本家不应该把他们的财力用到这种奢侈事业上去。"

我听了这个故事，很替我们的国家民族感觉惭愧。我们谈这件事的时候，火车正到了符离集站，车站两旁的空地上满堆着一袋一袋的粮食，一座一座的小山，用芦席盖着，在那蒙蒙细雨里霉烂着，静候"车皮"来运输！站上的人说车辆实在太少了，实在不够分配。我眼里望着那一山一山的粮食袋，心里想着江南的许多旱区的饥民，想着那每年两万万元的进口外国粮食，又想着前几天报纸上详细记载着的交通部新官邸的落成典礼，我的脑筋又在那儿跑野马了。我想起民国十六年我过日本时看见大地震后的第四年东京的政府机关，多数还在洋铁皮的屋顶之下办公，我不能不感觉这几年我国政府新建筑的一些官邸未免太华丽了，不是我们这个不曾解决人民吃饭问题的多难国家顶需要的。我又想：铁道部和交通部为什么不能合并作一部呢？为什么这些国家交通事业不能减政裁人省出一点钱来多买一些必需的车辆呢？为什么要让人民的粮食堆积在雨地里受湿呢？我又想起广东去年起开征外国米进口税，暹罗政府就立刻免除暹罗米的出口捐，所以暹罗米入口额仍旧不减退，而湖南运来的米，还不能和洋米竞争。我这样胡思乱想，就引起了我的第二个新年梦想了。我梦想的是：在这一年里，我们的政府能充分运用关税政策和交通政策来帮助解决民食的问题；单有粮食进口税是不够的，广东的先例可以借镜；我们必要充分办到全国粮食的生产与需要的调剂，方才可以避免某一区域丰收成灾而某一区域嗷嗷待哺的怪现状。国家的交通机关必须充分效率化，必须节省浪费来补充必要的车辆与船只，必须把全国粮食的调剂为国家运输政策的一个最重要部分。如果这一年外国粮食进口额能从两万万多元减少到一万万元以下那才不枉负我们又痴长一岁了。

新年的梦想还多着呢！我当然梦想全国的真正统一，当然梦想全国的匪患肃清，当然梦想全国精诚一致地应付那逼人而来的绝大国际危机，当然梦想中国的学术界在这一年中有惊人的进步……但火车震动得太厉害了，太长的好梦容易惊破，所以我只能把这两个小希望写出来，作为我给《大公报》的读者贺新年的祝词。

论 梦 想

林语堂

　　有人说，不满足是神圣的，我十分相信不满足是人性的。猴子是第一种阴沉的动物，因为在动物群中，我只看见黑猩猩有一个真正忧郁的脸孔。我常常觉得这种动物是哲学家，因为忧郁和沉思是很接近的。这种脸孔上有一种表情，使我知道它是在思想。牛似乎不思想，至少它们似乎不在推究哲理，因为它们看起来是那么满足。虽然象也许会怀着盛怒，可是它们不断摆动象鼻的动作似乎代替了思想，而把胸怀中的一切不满足抛开。只有猴子能够露出彻底讨厌生命的表情。猴子真伟大啊！

　　归根结底说来，哲学也许是由讨厌的感觉开始的。无论如何，人类的特征便是怀着一种追求理想的冀望，忧郁的、模糊的、沉思的冀望。人类住在一个现实的世界里，还有梦想另一个世界的能力和倾向。人类和猴子的差异也许是在猴子仅仅觉得讨厌无聊，而人类除讨厌无聊的感觉之外，还有想象力。我们大家都有一种脱离常轨的欲望，我们大家都希望变成另一种人物，我们大家都有梦想：兵卒梦想做伍长，伍长梦想做大尉，大尉梦想做少校或上校。一个有志气的上校是不把做上校当作一回事的。用较文雅的词语说起来，他仅仅称之为服务人群的一个机会而已。事实上，这种工作没有什么别的意义。老实说，琼·克劳福德不像世人那么注意琼·克劳福德，珍妮特·盖纳（Janet Gaynor）不像世人那么注意珍妮特·盖纳。世人对一切伟大说："他们不是很伟大吗？"如果那些伟大真正是伟大的，他们总会回答道："什么是伟大呢？"所以，这个世界很像一间照单点菜的餐馆。在那边，每个顾客以为邻桌的顾客所点的菜肴，比自己所点的更美味、更好吃。一位大学教授说过一句谐语："老婆别人的好，文章自己的好。"因此，以这种意义说起来，世间没有一个人感到绝对的满足。大家都想做另一个人，只要这另一个人不是他自己。

　　这种人类的特性无疑是由于我们有想象的力量和梦想的才能。一个人的想象力越大，便越不能感到满足。所以一个有想象力的孩子往往比较难教养。他比较常常像猴子那样阴沉忧郁，而不像牛那样快乐满足。同时，离婚的事件在理想主义者和较有想象力的人们当中，一定比在无想象力的人们当中更多。理想的终身伴侣的幻象会产生一种不可抵抗的力量，这种力量在比较缺乏想象和理想的人们当中，是永远感觉不到的。从大体上说来，人类被这种思想的力量有时引入歧途，有时辅导上进，可是人类的进步是绝对不能缺乏这种想象力的。我们晓得人类有志向和抱负。有这种东西是值得称许的，因为志向和抱负通常都被称为高尚的东西。为什么不可以称之为高尚的东西呢？无论是个人或国家，我们都有梦想，而且多少都依照我们的梦想去行事。有些人比别人多做了一些梦，正如每个家庭里都有一个梦想较多的孩子，而且或许也有一个梦想较少的孩子。我得承认我暗中是比较喜欢那个有梦想的孩子的。他通常是个比较忧郁的孩子，可是那没有关系，他有时也会享受到更大的欢乐、兴奋和狂喜。因为我觉得我们的构造跟无线电收音机一样，不过我们所收到的不是空中的音乐，而是观念和思想。有些反应比较灵敏的收音机，能收到其他收音机所收不到的更美妙的短波，为什么呢？当然是因为那些更远更细的音乐较不容易收到，所以更可贵啦。

而且，我们幼年时代的那些梦想并不像我们所想象的那么没有真实性。这些梦想不知怎样总是和我们终生同在着的。因此，如果我可以自选做世界任何作家的话，我是情愿做安徒生的，能够写《美人鱼》的故事，或做那美人鱼，想着那美人鱼的思想，渴望长大的时候到水面来，真是人类所能感觉到的最深沉、最美妙的快乐。

所以，一个孩子无论是在屋顶小阁上，或在谷仓里，或躺在水边，总是在梦想，而这些梦想是真实的。爱迪生梦想过，史蒂文生梦想过，司各德梦想过。这三个人都在幼年时代梦想过。这种魔术的梦想织成了我们所看见的最优良、最美丽的织物。可是较不伟大的小孩子也曾有过这些梦想的一部分。如果他们梦想中的幻象或内容各不相同，他们所感觉到的快乐是一样大的。每个小孩子都有一个含着思慕和切望的灵魂，怀抱着一个热望去睡觉，希望在清晨醒转来的时候，发现他的梦想变成事实。他不把这些梦想告诉人家，因为这些梦想是他自己的，所以它们是他的最内在的、正在生长的、自我的一部分。有些小孩子的梦想比别人的更为明晰，而且他们也有一种使梦想实现的力量；在另一方面，当我们年纪较大的时候，我们把那些较不明晰的梦想忘掉了。我们一生想把我们幼年时代那些梦想说出来，可是"有时我们还没有找到所要说的话的时候已经死了"。

国家也是这样。国家有其梦想，这种梦想的回忆经过了许多年代和世纪之后依然存在着。有些梦想是高尚的，还有一些梦想是丑恶的、卑鄙的。征服的梦想，和比其他各国更强大的一类梦想，始终是噩梦，这种国家往往比那些有着较和平梦想的国家忧虑更多。可是还有其他更好的梦想，梦想着一个较好的世界，梦想着和平，梦想着各国和睦相处，梦想着较少的残酷、较少的不公平、较少的贫穷和较少的痛苦。噩梦会破坏人类的好梦，这些好梦和噩梦之间发生着斗争和苦战。人们为他们的梦想而斗争，正如他们为他们尘世的财产而斗争一样。于是梦想由幻象的世界走进了现实的世界，而变成我们生命上一个真实的力量。梦想无论多么模糊，总会潜藏起来，使我们的心境永远得不到宁静，直到这些梦想变成现实的事情，像种子在地下萌芽，一定会伸出地面来寻找阳光。梦想是很真实的东西。

我们也有产生混乱的梦想和不与现实相符的梦想的危险。因为梦想也是逃避的方法，一个做梦者常常梦想要逃避这个世界，可是不知道要逃避到哪里去。知更鸟往往引动浪漫主义者的空想。我们人类有一种强烈的欲望，想和今日的我们不同，想离开现在的常轨，因此任何可以促成变迁的事物，对一般人往往有一种巨大的诱惑力。战争总是有吸引力的，因为它使一个城市里的事务员有机会可以穿起军服，扎起绑腿布，有机会可以免费旅行。同时，休战或和平对在战壕里度过三四年生活的人总是很需要的，因为它使一个兵士有机会可以回家，可以再穿起平民的衣服，可以再打上一条红色的领带，人类显然是需要这种兴奋的。如果世界要避免战争的话，各国政府最好实行一种征兵制度，每隔十年便募集二十岁至四十五岁的人一次，送他们到欧洲大陆去旅行，去参观博览会之类的盛会。英国政府正在动用五十亿英镑去实现重整军备的计划，这笔款子尽够送每个英国国民到里维埃拉去旅行一次了。理由当然是：战争的费用是必需的，而旅行却是奢侈的。我觉得不很同意：旅行是必需的，而战争却是奢侈的。

此外还有其他的梦想。乌托邦的梦想和长生不死的梦想。长生不死的梦想是十分近人情的梦想——这种梦想是极为普遍的——虽则它像其他梦想一样模糊。同时，当人类真的可以长生不死的时候，他们却很少知道要做什么事情。长生不死的欲望终究和站在另一极端的自杀心理很是相似。两者都以为现在的世界还不够好。为什么现在的世界还不够好呢？我们对这问题本身所感觉到的惊异，应该会比对这问题的答案所感觉到的惊异更大，如果我们春天到乡间去游览一番的话。

关于乌托邦的梦想，情形也是如此。理想仅是一种相信另一世态的心境，不管那是什么一种世态，只要和人类现在的世态不同就得了。理想的自由主义者往往相信本国是最坏不过的国家，相信他所生活的社会是最坏不过的社会。他依然是那个照单点菜的餐馆里的家伙，相信邻桌的顾客所点的菜肴，比他自己所点的更好吃。《纽约时报》"论坛"的作者说，在这些自由主义者的心目中，只有俄国的第聂伯水闸（Dnieper Dam）是一个真正的水闸，民主国家间不曾建设过水闸。当然只有苏联才造过地底车道啦。在另一方面，法西斯的报纸告诉他们的民众说，人类只有在他们的国度里才找得到世界唯一合理的、正确的、可行的政体。乌托邦的自由主义者和法西斯的宣传的危险便在这里，为补救这种危机起见，他们必须有一种幽默感。

我的梦，我的青春！

郁达夫

不晓得是在哪一本俄国作家的作品里，曾经看到过一段写一个小村落的文字，他说："譬如有许多纸折起来的房子，摆在一段高的地方，被大风一吹，这些房子就歪歪斜斜地飞落到了谷里，紧挤在一道了。"前面有一条富春江绕着，东、西、北的三面尽是些小山包住的富阳县城，也的确可以借了这一段文字来形容。

虽则是一个行政中心的县城，可是人家不满三千，商店不过百数；一般居民，全不晓得做什么手工业，或其他新式的生产事业，所靠以度日的，有几家自然是祖遗的一点田产，有几家则专以小房子出租，在吃两元三元一月的租金；而大多数的百姓，却还是既无恒产，又无恒业，没有目的，没有计划，只同蟑螂似的在那里出生，死亡，繁殖下去。

这些蟑螂的密集之区，总不外乎两处地方：一处是三个铜子一碗的茶店，一处是六个铜子一碗的小酒馆。他们在那里从早晨坐起，一直可以坐到晚上上排门的时候；讨论柴米油盐的价格，传播东邻西舍的新闻，为了一点不相干的细事，譬如说吧，甲以为李德泰的煤油只卖三个铜子一提，乙以为是五个铜子两提的话，双方就会得争论起来；此外的人，也马上分成甲党或乙党提出证据，互相论辩，弄到后来，也许相打起来，打得头破血流，还不能够解决。

因此，在这么小的一个县城里，茶店酒馆，竟也有五六十家之多；于是大部分的蟑螂，就家里可以不备面盆手巾、桌椅板凳、饭锅碗筷等日常用具，而悠悠地生活过去了。离我们家里不远的大江边上，就有这样的两处蟑螂之窗。

在我们的左面，住有一家砍砍柴，卖卖菜，人家死人或娶亲，去帮帮忙跑跑腿的人家。他们的一族，男女老少的人数很多很多，而住的那一间屋，却只比牛栏马槽大了一点。他们家里的顶小的一位苗裔年纪比我大一岁，名字叫阿千，冬天穿的是同伞似的一堆破絮，夏天，大半身是光光地裸着的；因而皮肤黝黑，臂膀粗大，脸上也像是生落地之后，只洗了一次的样子。他虽只比我大了一岁，但是跟了他们屋里的大人，茶店酒馆日日去上，婚丧的人家，也老在进出；打起架吵起嘴来，尤其勇猛。我每天见他从我们的门口走过，心里老在羡慕，以为他又上茶店酒馆去了，我要到什么时候，才可以同他一样地和大人去夹在一道呢！而他的出去和回来，不管是在清早或深夜，我总没有一次不注意到的，因为他的喉音很大，有时候一边走着，一边在绝叫着和大人谈天，若只他一个人的时候哩，总在啰嗦地唱戏。

当一天的工作完了，他跟了他们家里的大人，一道上酒店去的时候，看见我欣羡地立在门口，他原也曾邀约过我；但一则怕母亲要骂，二则胆子终于太小，经不起那些大人的盘问笑说，我总是微笑着摇摇头，就跑进屋里去躲开了，为的是上茶酒店去的诱惑性，实在强不过。

有一天春天的早晨，母亲上父亲的坟头扫墓去了，祖母也一清早上了一座远在三四里路外的庙里去念佛。翠花在灶下收拾早餐的碗筷，我只一个人立在门口，看有淡云浮着的青天。忽而阿千唱着戏，背着钩刀和小扁担绳索之类，从他的家里出来，看了我的那种没精打采的神气，他就立了下来和我谈天，并且说：

"鹳山后面的盘龙山上，映山红开得多着哩；并且还有乌米饭（是一种小黑果子）、彤管子（也是一种刺果）、刺莓等，你跟了我来吧，我可以采一大堆给你。你们奶奶，不也在北面山脚下的真觉寺里念佛么？等我砍好了柴，我就可以送你上寺里吃饭去。"

阿千本来是我所崇拜的英雄，而这一回又只有他一个人去砍柴，天气那么的好，今天清早祖母出去念佛的时候，我本是嚷着要同去的，但她因为怕我走不动，就把我留下了。现在一听到这一个提议，自然是心里急跳了起来，两只脚便也很轻松地跟他出发了，并且还只怕翠花要出来阻挠，跑路跑得比平时只有得快些。出了弄堂，向东沿着江，一口气跑出了县城之后，天地宽广起来了，我的对于这一次冒险的惊惧之心就马上被大自然的威力所压倒。这样问问，那样谈谈，阿千真像是一部小小的自然界的百科大辞典；而到盘龙山脚去的一段野路，便成了我最初学自然科学的模范小课本。

麦已经长得有好几尺高了，麦田里的桑树，也都发出了绒样的叶芽。晴天里舒叔叔的一声飞鸣过去的，是老鹰在觅食；树枝头叽叽喳喳，似在打架又像是在谈天的，大半是麻雀之类；远处的竹林丛里，既有抑扬，又带余韵，在那里歌唱的，才是深山的画眉。

上山的路旁，一拳一拳像小孩子的拳头似的小草，长得很多；拳的左右上下，满长着了些绛黄的绒毛，仿佛是野生的虫类，我起初看了，只在害怕，走路的时候，若遇到一丛，总要绕一个弯，让开它们，但阿千却笑起来了，他说：

"这是薇蕨，摘了去，把下面的粗干切了，炒起来吃，味道是很好的哩！"

渐走渐高了，山上的青红杂色，迷乱了我的眼目。日光直射在山坡上，从草木泥土里蒸发出来的一种气息，使我呼吸感到了困难；阿千也走得热起来了，把他的一件破夹袄一脱，丢向了地下。叫我在一块大石上坐下歇着，他一个人穿了一件小衫唱着戏去砍柴采野果去了；我回身立在石上，向大江一看，又深深地深深地得到了一种新的惊异。

这世界真大呀！那宽广的水面！那澄碧的天空！那些上下的船只，究竟是从哪里来，上哪里去的呢？

我一个人立在半山的大石上，近看看有一层阳光在颤动着的绿野桑田，远看看天和水以及淡淡的青山，渐听得阿千的唱戏声音幽下去远下去了，心里就莫名其妙地起了一种渴望与愁思。我要到什么时候才能大起来呢？我要到什么时候才可以到像在天边似的远处去呢？到了天边，那么我的家呢？我的家里的人呢？同时感到了对远处的遥念与对乡井的离愁，眼角里便自然而然地涌出了热泪。到后来，脑子也昏乱了，眼睛也模糊了，我只呆呆地立在那块大石上的太阳里做幻梦。我梦见有一只揩擦得很洁净的船，船上面张着了一面很大很饱满的白帆，我和祖母、母亲、翠花、阿千等都在船上，吃着东西，唱着戏，顺流下去，到了一处不相识的地方。我又梦见城里的茶店酒馆都搬上山来了，我和阿千便在这山上的酒馆里大喝大嚷，旁边的许多大人，都在那里惊奇仰视。

这一种接连不断的白日之梦，不知做了多少时候，阿千却背了一捆小小的草柴，和一包刺莓、映山红、乌米饭之类的野果，回到我立在那里的大石边来了；他脱下了小衫，光着了脊肋，那些野果就系包在他的小衫里面的。

他提议说，时候不早了，他还要砍一捆柴，且让我们吃着野果，先从山腰走向后山去吧，因为前山的草柴已经被人砍完，第二捆不容易采刮拢来了。

慢慢地走到了山后，山下的那个真觉寺的钟鼓声音，早就从春空里传送到了我们的耳边，并且一条青烟也刚从寺后的厨房里透出了屋顶。向寺里看了一眼，阿千就放下了那捆柴，对我说：

"他们在烧中饭了，大约离吃饭的时候也不很远，我还是先送你到寺里去吧！"

我们到了寺里，祖母和许多同伴者的念佛婆婆，都睁大了眼睛，惊异了起来。阿千走后，她们就开始问我这一次冒险的经过，我也感到了一种得意，将如何出城、如何和阿千上山采集野果的情形，说得格外的详细。后来坐上桌去吃饭的时候，有一位老婆婆问我："你大了，打算去做些什么？"我就毫不迟疑地回答她说："我愿意去砍柴！"

故乡的茶店酒馆，到现在还在风行热闹，而这一位茶店酒馆里的小英雄，初次带我上山去冒险的阿千，却在一年涨大水的时候，喝醉了酒，淹死了。他们的家族，也一个个地死的死、散的散，现在没有生存者了；他们的那一座牛栏似的房屋，已经换过了两三个主人。时间是不饶人的，盛衰起灭也绝对地无常的：阿千之死，同时也带去了我的梦，我的青春！

谈理想与事实

朱光潜

朋友：

前几天有一位师范大学朱君来访，闲谈中他向我提出一个很严重的问题："现代社会恶浊，青年人所见到的事实和他自己所抱的理想常相冲突，比如毕业后做事就是一个大难关。如果要依照理想，廉洁自矢，守正不阿，则各机关大半是坏人把持住，你就根本不能插足进去，改造社会自然是谈不到。如果不择手段，依照中国人谋事的习惯法，奔走逢迎，献媚权贵，则你还没有改造社会，就已被社会腐化。我自己也很想将来替社会做一点事，但是又不愿同流合污，想到这一层，心里就万分烦恼。先生以为我们青年人处在这种两难的地位，究竟应该持什么一种态度呢？"

朱君所提出的只是理想与事实的冲突的一端。其实现在中国社会各方面，从家庭、婚姻、教育、内政、外交，以至于整个的社会组织，都处处使人感到事实与理想的冲突。每一个稍有良心的人从少到老都不免在这种冲突中挣扎奋斗，尤其是青年有志之士对于这种冲突特别感到苦恼。每个人在年轻时代大半都是理想主义者，欢喜闭着眼睛，在想象中造成一座堂华美丽的空中楼阁。后来入世渐深，理想到处碰事实的钉子，便不免逐渐牺牲理想而迁就事实。一到老年，事实就变成万能，理想就全置之度外。聪敏者唯唯诺诺，圆滑不露棱角；奸猾者则钻营竞逐，窃禄取宠，行为肮脏而话却说得堂皇漂亮。我们略放眼一看，就可以见出许多名"优秀分子"的生命都形成这么一种三部曲的悲剧。

我常想，老年人难得的美德是尊重理想，青年人难得的美德是尊重事实。老年人我们姑且不去管他们，死在等待他们，他们纵然是改进社会的一个大累，不久也就要完事了。"既往不咎，来者可追。"我们这个时代的中国青年所负的责任特别繁重，中国事有救与无救，就全要看这一代人的成功与失败。一发千钧，稍纵即逝。这个时代的中国青年应该认清他们的责任，认清目前的特殊事实，以冷静而沉着的态度去解决事实所给的困难。最误事的是不顾事实而空谈理想。

我还记得那一次我回答朱君的话。我说：什么叫作"理想"？它不外有两种意义：一种是"可望而不可攀，可幻想而不可实现的完美"。比如说，在许多宗教中，理解的幸福是长生不老；它成为理想，就因为实际上没有人能长生不老。另一种是"一个问题的最完美的答案"或是"可能范围以内的最圆满的办法"。比如说，长生不老虽非人力所能达到，强健却是人力所能达到的。就人所能谋的幸福说，强健是一个合理的理想。这两种理想的分别一个蔑视事实条件，一个顾到事实条件；一个渺茫空洞，一个有方法步骤可循。第一种理想是心理学家所谓想象中的欲望的满足，在宗教与文艺中自有它的重要，可是决不能适用于实际人生。在实际人生中，理想都应该是解决事实困难的最合理的答案。一个理想如果不能解决事实困难，永远与事实困难相冲突，那就可以证明那个理想本身有毛病，或者可以说，它简直不成其为理想。

现代青年每遇心里怀着一个"理想"时，应该自己反省一遍，看它是属于我们所说的两种理想中的哪一种。如果它属于前一种，而他要实现它，那么，他就是迂诞、狂妄、浮躁、糊涂，没有别的话。如果它属于后一种，他就应该有决心毅力，有方法程序，按部就班地去使它实现，他就不应该因为理想与事实冲突而生苦恼或怨天尤人。

比如就青年说，有两个问题最切要：第一是怎样去学一点切实的学问？第二是学成之后，怎样找机会去做事？一般青年对于求学问题所感到的困难不外两种：一种是经济困难。在现在经济破产状况之下，十个人就有九个人觉到由小学而中学，由中学而大学这一笔费用不易筹措。天灾人祸，常出意外，多数青年学生都时时有被逼辍学的可能。另一种是学力问题。学校少而应试者多。比如几个稍好的大学每年都有四五千人应试，而录取额最多只有四五百名，十人之中就有九人势须向隅。这两种事实都是与青年学生理想相冲突的。一般青年似乎都以为读书必进大学，甚至于必进某某大学；如果因为经济或学力的欠缺，不能如自己所愿望，便以为学问之途对于自己是断绝了。

我以为读书而选进大学或出洋为最高标准，根本还是深中科举资格观念的余毒。做学问的机会甚多，如果一个人真是一个做学问的材料，他终究总可以打出一条路来。如果不是这种材料，天下事可做的甚多，又何必贪读书的虚荣？就是读书，一个人也只能在自己的特殊经济情形和资禀学力范围之内，选择最适宜的路径。种田、做匠人、当兵、做买卖，以至于更卑微的职业也都要有人去干；干哪一行职业，也都可以得到若干经验学问。哲学家斯宾诺莎不肯当大学教授而宁愿操磨镜的微业以谋生活，这种精神是最值得佩服的。现在中国青年大半仍鄙视普通职业，都希望进大学、出洋、当学者、做官，过舒适的生活。这种风气显然仍是旧日科举时代所流传下来的。学者和官僚愈多，物质消耗愈大，权力竞争愈烈，平民受剥削愈盛，社会也就愈不安宁。我们试平心而论，这是不是目前中国的实在情形？

如果一般青年能了解这番道理，对于择校选科，只求在自己的特殊情形之下，如何学得一副当有用的公民的本领，不一定要勉强预备做学者或官僚，我相信上文所说的第二个问题——做事问题——就不至于像现时那么严重。在中国现在百废待举，一个中学生或大学生何至没有事可做？一个不识字的人还可以种田做买卖，难道一个受教育的人反不如乡下愚夫愚妇？事是很多的，只是受过教育的人不屑于做小事。事没有人做，结果才闹成人没有事做。

我劝青年们多去俯就有益社会的小事，并非劝他们一定不要插足于政治、教育，以及其他较被优待的职业。这些事也要有人去做，而且应该由纯洁而能干的人去做。现在各种优遇位置大半被一般有势力而无能力的人们把持，新进者不易插足进去，这确是事实，但不是不可变动的事实。恶势力之所以成为势力，大半是靠团结。要打破一种恶势力，一个人孤掌难鸣，也一定要有团结才行。中国青年的毛病在洁身自好者不能团结，能团结者又不免同流合污，所以结果龌龊者胜而纯洁者败。谈到究竟，恶势力在一个社会里能够存在，还要归咎于纯洁分子的惰性太深，抵抗力太小。要挽救目前中国社会种种积弊，有志的纯洁青年们应该团结起来，努力和恶势力奋斗。比如说一乡一县的事业被土豪劣绅把持，当地的优秀青年如果真正能团结奋斗，决不难把事权夺过来。推之一省一国，也是如此。结党造势力、争权位都不是坏事；坏事是结党而营私，争权位而分赃失职。只要势力造成、权位争得以后，自己能光明正大地为社会谋福利，终究总可以博得社会的同情，打倒坏人所造成的恶势力。社会的同情总是站在善人方面，"人之好善，谁不如我？"现在许多人都见到社会上种种积弊和补救的方法，只是每个人都觉得自己力量孤单，见到而做不到。其实这里问题很简单，大家团结起来就行了。在任何社会，有一分能力总可以做一分事。做不出事来，那是自己没有能力，用不着怨天尤人。

理想不应与事实冲突，不但在求学与谋事两方面是如此，其他一切也莫不然。比如说政治，现在一般青年都仿佛以为一经"革命"，地狱就可以立刻变成天国。被"革命"的是什么？革命后拿什么来代替？怎样去革命？第一步怎样做？第二步怎样做？遇到难关又怎样去克服？这些问题他们似乎都不曾仔细想过，只是天天在摇旗呐喊。我们天天都听到"革命"的新口号，却没有看见一件真正"革了命"的事迹。关于这一点，目前知识界的"领袖"们似乎说不清他们的罪过，他们教一般青年误认喊革命口号为做革命工作，误认革命为一件无须学识与技能的事业。"革命"两个字在青年心理中已变成一种最空洞不过的"理想"，像道家所说的"太极"，有神秘的面貌而无内容，它和事实毫不接头，自然更谈不到冲突。

政治理想是随时代环境变迁的。我们不要古人为我们打算盘，也大可不必去替后人打算盘。每一个国家的最好的政治理想应该是当时当境的最圆满的应付事实的方法。目前中国所有的是什么样的事实？民穷国敝，外患纷乘，稍不振作，即归毁灭。这种事实应该使每个有头脑的中国人觉悟到：在今日谈中国政治，"图存"是第一要义。中国是一个久病之夫，一切摧残元气的举动，一切聊快一时的毁坏，都与"图存"一个基本要义不相容。"社会革命""打倒帝国主义""永久平等""大同平等"，种种方剂都要牵涉全世界的制度组织。在加入这个全世界的大战线以前，中国人首先需要把自己训练到能荷枪执戟，才可以有资格。

这番话对于现代青年是很苦辣不适口的。我只能向他们说：高调谁也会唱，但是我的良心不容许我唱高调，因为我亲眼看见，调愈唱得高，事愈做得坏，小百姓受苦愈大，而青年也愈感彷徨怅惘。

理想、现实、碰撞

沈从文[*]

（1）

我原是个不折不扣的乡巴佬，辗转于川黔湘鄂二十八县一片土地上。耳目经验所及，属于人事一方面，好和坏都若离奇不经。这份教育对于一个生于现代城市中的年轻人，实在太荒唐了。可是若把它和目下还存在于中国许多事情对照对照，便又会觉得极平常了。当时正因为所看到的好的农村种种逐渐崩毁，只是大小武力割据统治做成的最愚蠢的争夺打杀，对于一个年轻人教育意义是现实，一种混合愚蠢与堕落的现实，流注浸润，实在太可怕了，方从那个半匪半军部队中走出。不意一走便撞进了住有150万市民的北京城。第一回和一个亲戚见面时，他很关心地问我："你来北京，做什么的？"我即天真烂漫地回答说："我来寻找理想，读点书。""嗐，读书。你有什么理想，怎么读书？你可知道，北京城目下就有1万大学生，毕业后无事可做，愁眉苦脸不知何以

---

[*] 沈从文（1902—1988），原名沈岳焕，字崇文，笔名休芸芸、甲辰、上官碧、璇若等，湖南凤凰县人，中国著名作家、历史文物研究者。1938年11月，任西南联大中文系教授。1949年8月，人事关系由北京大学转到了历史博物馆，长期从事文物研究工作。

为计。大学教授薪水十折一，只36块钱一月，还是打躬作揖联合
罢教软硬并用争来的。大小书呆子不是读死书就是读书死，哪有
你在乡下做老总有出息！""可是我怎么做下去？6年中我眼看
在脚边杀了上万无辜平民，除对被杀的和杀人的留下个愚蠢残忍
印象，什么都学不到！做官的有不少聪明人，人越聪明也就越纵
容愚蠢气质抬头，而自己俨然高高在上，以万物为刍狗。被杀的
临死时的沉默，恰像是一种抗议：'你杀了我肉体，我就腐烂你
灵魂。'灵魂是个看不见的东西，可是它存在，它将从另外许多
方面能证明存在。这种腐烂是有传染性的，于是大小军官就相互
传染下去，越来越堕落，越变越坏。你可想得到，一个机关三百
职员有百五十支烟枪，是个什么光景？我实在待不下了，才跑出
来！……我想来读点书，半工半读，读好书救救国家。这个国家
这么下去实在要不得！"

我于是依照当时《新青年》《新潮》《改造》等刊物所提出的
文学运动社会运动原则意见，引用了些使我发迷的美丽辞令，以
为社会必须重造，这工作得由文学重造起始，文学革命后，就可
以用它燃起这个民族被权势萎缩了的情感，和财富压瘪扭曲了的
理性。两者必须解放，新文学应负责任极多。我还相信人类热忱
和正义终必抬头，爱能重新黏合人的关系，这一点明天的新文学
也必须勇敢担当。我要那么从外面给社会的影响或从内里本身的
学习进步，证实生命的意义和生命的可能。说去说来直到自己也
觉得不知所谓时，方带怔止住。事实上呢，只需几句话即已足够
了。"我厌恶了我接触的好的日益消失坏的支配一切那个丑恶现
实。若承认它，并好好适应它，我即可慢慢升科长，改县长，做

厅长。但我已因为厌恶而离开了。"至于文学呢，我还不会标点符号！我承认应当从这个学起，且丝毫不觉得惭愧。因为我相信报纸上说的，一个人肯勤学，总有办法的。

亲戚为人本富于幽默感，听过我的荒谬绝伦抒情议论后，完全明白了我的来意，充满善心对我笑笑地说："好，好，你来得好。人家带了弓箭药弩入山中猎取虎豹，你倒赤手空拳带了一脑子不切实际幻想入北京城做这份买卖。你这个古怪乡下人，胆气真好！凭你这点胆气，就有资格来北京城住下，学习一切经验一切了。可是我得告诉你，既为信仰而来，千万不要把信仰失去！因为除了它，你什么也没有！"

我当真就那么住下来了。摸摸身边，剩余7块6毛钱。五四运动以后第三年。

(2)

怎么向新的现实学习？先是在一个小公寓湿霉霉的房间，零下12摄氏度的寒气中，学习不用火炉过冬的耐寒力。再其次是三天两天不吃东西，学习空空洞洞腹中的耐饥力。再其次是从饥寒交迫无望无助状况中，学习进图书馆自行摸索的阅读力。再其次是起始用一支笔，无日无夜写下去，把所有作品寄给各报章杂志，在毫无结果的等待中，学习对于工作失败的抵抗力与适应力。各方面的测验，间或不免使得头脑有点儿乱，实在支撑不住时，便跟随什么奉系直系募兵委员手上摇摇晃晃那一面小小白布旗，和五七个面黄肌瘦不相识同胞，在天桥杂耍棚附近转了几转，心中浮起一派悲愤和混乱。到快要点名填志愿书发饭费时，那亲戚说的话，在心上忽然有了回音，"可千万别忘了信仰！"这是我唯一老本，我哪能忘掉？便依然从现实所作成的混乱情感中逃出，把一双饿得昏花的眼睛，看定远处，借故离开了那个委员，那群同胞，回转我那"窄而霉小斋"，用空气和阳光做知己，照旧等待下来了。记得郁达夫先生第一次到我住处来看看，在口上，随后在文章上，都带着感慨劝我向亲戚家顺手偷一点什么，即可从从容容过一年时，我只笑笑。为的是他只看到我的生活，不明白我在为什么而如此生活。这就是我到北方来追求抽象，跟现实学习，起始走的第一段长路，共约4年光景。年轻人欢喜说"学习"和"斗争"，可有人想得到这是一种什么学习和斗争！

（3）

有些和我相熟的，见我终日守在油腻腻桌子边出神，以为如此待下去不是自杀必然会发疯，从他们口中我第二次听到现实。证明抽象的追求现实方式。

"老弟，不用写文章了。你真太不知道现实，净做书呆子做白日梦，梦想产生伟大的作品，哪会有结果？不如加入我们一伙，有饭吃，有事做，将来还可以——只要你愿意，什么都不难。"

"我并不是为吃饭和做事来北京的！"

"那为什么？难道当真喝北风、晒太阳可以活下去？欠公寓伙食账太多时，半夜才能回住处，欠馆子饭账三五元，就不大能从门前走过，一个人能够如此长远无出息地活下去？我问你。"

"为了证实信仰和希望，我就能够。"

"信仰和希望，多动人的名词，可是也多空洞！你就呆呆地守住这个空洞名词拖下去，挨下去，以为世界有一天忽然会变好？老弟，世界上事不那么单纯，你所信仰希望的唯有革命方能达到。革命是要推翻一个当前，不管它好坏，不问用什么手段，什么方式。这是一种现实。你出力参加，你将来就可做委员，做部长，什么理想都可慢慢实现。你不参加，那就只好做个投稿者，写8毛5分一千字的小文章，过这种怪寒碜的日子下去了。"

"你说信仰和希望，只是些单纯空洞名词，对于我并不如此。它至少将证明一个人由坚信和宏愿，能为社会作出点切切实实的贡献。譬如科学……"

"不必向我演说，我可得走了。我还有许多事情！4点钟还要出席同乡会，5点半出席恋爱自由讨论会，8点还要……老弟，你就依旧写你的杰作吧，我要走了。"

时间于是过去了，"革命"成功了。现实使一些人青春的绿梦全褪了色。我那些熟人，当真就有不少凭空做了委员，娶了校花，出国又回国，从作家中退出，成为手提皮包一身打磨得光亮亮小要人的。但也似乎证实了我这个乡下人的呆想头，并不十分谬误。做官固然得有人，做事还要人；挂个作家牌子，各处活动，终日开会吃点心固然要人，低头从事工作更要人。守住新文学运动所提出的庄严原则，从"工具重造"观点上锲而不舍有所试验得要人；从"工具重用"观点上，把文学用到比宣传品作用更深一些，从种种试验取得经验尤其要人……

寻梦

季羡林[*]

　　夜里梦到母亲，我哭着醒来。醒来再想捉住这梦的时候，梦却早不知道飞到什么地方去了。

　　我瞪大了眼睛看着黑暗，一直看到只觉得自己的眼睛在发亮。眼前飞动着梦的碎片，但当我想到把这些梦的碎片提起来凑成一个整个的时候，连碎片也不知道飞到什么地方去了。眼前剩下的就只有母亲依稀的面影……

　　在梦里向我走来的就是这面影。我只记得，当这面影才出现的时候，四周灰蒙蒙的，母亲仿佛从云堆里走下来。脸上的表情有点同平常不一样，像笑，又像哭。但终于向我走来了。

　　我是在什么地方呢？这连我自己也有点弄不清楚。最初我觉得自己是在现在住的屋子里。母亲就这样一推屋角上的小门，走了进来。橘黄色的电灯罩的穗子就罩在母亲头上。于是我又想了开去，想到哥廷根的全城：我每天去上课走过的两旁有惊人的粗的橡树的古旧的城墙，斑驳陆离的灰黑色的老教堂，教堂顶上的高得有点古怪的尖塔，尖塔上面的晴空。

---

[*]　季羡林（1911—2009），字希逋，又字齐奘，山东省聊城市临清人。国际著名东方学大师、语言学家、文学家、国学家、佛学家、史学家、教育家和社会活动家。历任中国科学院哲学社会科学部委员、北京大学副校长，是北京大学的终身教授。

　　然而，我的眼前一闪，立刻闪出一片芦苇，芦苇的稀薄处还隐隐约约地射出了水的清光。这是故乡里屋后面的大苇坑。于是我立刻觉察到，不但我自己是在这苇坑的边上，连母亲的面影也是在这苇坑的边上向我走来了。我又想到，当我童年还没有离开故乡的时候，每个夏天的早晨，天还没亮，我就起来，沿了这苇坑走去，很小心地向水里面看着。当我看到暗黑的水面下有什么东西在发着白亮的时候，我伸下手去一摸，是一只白而且大的鸭蛋。我写不出当时快乐的心情。这时再抬头看，往往可以看到对岸空地里的大杨树顶上正有一抹淡红的朝阳——两年前的一个秋天，母亲就静卧在这杨树的下面，永远地，永远地。现在又在靠近杨树的坑旁看到她生前八年没见面的儿子了。

　　但随了这苇坑闪出的却是一枝白色灯笼似的小花，而且就在母亲的手里。我真想不出故乡里什么地方有过这样的花。我终于又想了回来，想到哥廷根，想到现在住的屋子，屋子正中的桌子上两天前房东曾给摆上这样一瓶花。那么，母亲毕竟是到哥廷根来过了，梦里的我也毕竟在哥廷根见过母亲了。

　　想来想去，眼前的影子渐渐乱了起来。教堂尖塔的影子套上了故乡的大苇坑，在这不远的后面又现出一朵朵灯笼似的白花，在这一些的前面若隐若现的是母亲的面影。我终于也不知道究竟在什么地方看到母亲了。我努力压住思绪，使自己的心静了下来，窗外立刻传来潺潺的雨声，枕上也觉得微微有寒意。我起来拉开窗幔，一缕清光透进来。我向外怅望，希望发现母亲的足迹。但看到的却是每天都能看到的那一排窗户，现在都沉在静寂中，里面的梦该是甜蜜的吧！

　　但我的梦却早飞得连影都没有了；只在心头有一线白色的微痕，蜿蜒出去，从这异域的小城一直到故乡大杨树下母亲的墓边；还在暗暗地替母亲担着心：这样的雨夜怎能跋涉这样长的路来看自己的儿子呢？此外，眼前只是一片空蒙，什么东西也看不到了。

　　天哪！连一个清清楚楚的梦都不给我吗？我怅望灰天，在泪光里，幻出母亲的面影。

第六章
/
美育与人生

美育与人生

蔡元培

人的一生，不外乎意志的活动，而意志是盲目的，其所恃以为较近之观照者，是知识；所以供远照、旁照之用者，是感情。

意志之表现为行为。行为之中，以一己的卫生而免死、趋利而避害者为最普通；此种行为，仅仅普通的知识，就可以指导了。进一步地，以众人的生及众人的利为目的，而一己的生与利即托于其中。此种行为，一方面由于知识上的计较，知道众人皆死而一己不能独生，众人皆害而一己不能独利。又一方面，则亦受感情的推动，不忍独生以坐视众人的死，不忍专利以坐视众人的害。更进一步，于必要时，愿舍一己的生以救众人的死，愿舍一己的利以去众人的害，把人我的分别，一己生死利害的关系，统统忘掉了。这种伟大而高尚的行为，是完全发动于感情的。

人人都有感情，而并非都有伟大而高尚的行为，这由于感情推动力的薄弱。要转弱而为强，转薄而为厚，有待于陶养。陶养的工具，为美的对象，陶养的作用，叫作美育。

美的对象，何以能陶养感情？因为他有两种特性：一是普遍，二是超脱。

一瓢之水，一人饮了，他人就没得分润；容足之地，一人占了，他人就没得并立。这种物质上不相入的成例，是助长人我的区别、自私自利的计较的。转而观美的对象，就大不相同。凡味觉、嗅觉、肤觉之含有质的关系者，均不以美论；而美感的发动，乃以摄影及音波辗转传达之视觉与听觉为限，所以纯然有"天下为公"之概。名山大川，人人得而游览；夕阳明月，人人得而赏玩；公园的造像，美术馆的图画，人人得而畅观。齐宣王称"独乐乐不若与人乐乐"，"与少乐乐不若与众乐乐"；陶渊明称"奇文共欣赏"：这都是美的普遍性的证明。

植物的花，不过为果实的准备；而梅、杏、桃、李之属，诗人所咏叹的，以花为多。专供赏玩之花，且有因人择的作用，而不能结果的。动物的毛羽，所以御寒，人固有制裘、织呢的习惯；然白鹭之羽，孔雀之尾，乃专以供装饰。宫室可以避风雨就好了，何以要雕刻与彩画？器具可以应用就好了，何以要图案？语言可以达意就好了，何以要特制音调的诗歌？可以证明美的作用，是超越乎利用的范围的。

既有普遍性以打破人我的成见，又有超脱性以透出利害的关系，所以当着重要关头，有"富贵不能淫，贫贱不能移，威武不能屈"的气概，甚至有"杀身以成仁"而不"求生以害仁"的勇敢，这种是完全不由于知识的计较，而由于感情的陶养，就是不源于智育，而源于美育。

所以吾人固不可不有一种普通职业，以应利用厚生的需要；而于工作的余暇，又不可不读文学，听音乐，参观美术馆，以谋知识与感情的调和，这样，才算是认识人生的价值了。

美感与人生

傅斯年

　　我平生不曾于美感上加以有条理的研究，没有读过讲论美感的书，又很少把自身的经验加以深思的剖解。虽时常有些感动心脾的境界——如听到好听的音乐，便觉得这身子像散作气体样的；步行山中，虽头昏眼花，总不知道倦意，等等。凡人皆有的感情——总难得把这境界用意思显出来，这意思又很难用语言表达。在有文学技能的人还能不逻辑地表达于诗文之内，有同感的人，自然界也能不逻辑地心领神会，偏我又不能。若作逻辑的文章表达这些思想，更是难事。所以我平常所得的这类经历，只好放在心里久久忘去就是了。

　　在Tydeus船上写一封信给北京的朋友们，偶有两句说到自然的美，发了小小的议论，引起我的好朋友俞君平伯和我的一大块泛滥不知所归的辩论。当时辩论，忿于言色；过后想想，可发一笑，终究不如把我对于这类的感想写下。一时想到的而又可以用话表达得个大概来，免为在肚里闷着腐败。虽说"今年所作明年必悔"，但应悔的见解正多，添一个不加多。我就在篇端声明，这篇见解只是一个不学的人的直觉的感想，而且是在船上神魂闷倦时写的。

　　任凭何人，都很容易感觉疲劳。任凭何时，都很容易受些苦痛。从皮面看，疲劳、苦痛好像人生的最不幸事，但实际上疲劳、苦痛并不能把人生糟蹋得怎样了；有时疲劳、苦痛越多，人生前进得越猛。所以然者，第一靠着疲劳、疾苦有些报酬物，得到报酬物，登时把疲劳、苦痛丢得远远的；第二靠着有个建造新鲜精神的原力，这原力建造出新鲜精神，就把那被疲劳、苦痛所糟蹋的补足填满。所以人生如波，一伏一起，一消一长。消长之间，见出趣味；趣味之内，证了人生。但这些报酬物和原力是什么？现在颇难条条举出。随便举两个例：Mill 在他所做的 *On liberty*（即穆勒的《论自由》）的前面写下百多字的个 Delication（意为"献辞），上边说："她的（他夫人的，在做这本书时已死）契合赞诺是我著述的苦痛的唯一报酬物。"又说："我若能把她当年契合的意思的一半传布世人，这本书就真是了不得的了。"（原文记不精确，姑举其意）从他这一往情深的话头，可以显出他的精神安顿的所在，他的精神就安顿在他的夫人的智慧情感上。他的夫人的智慧情感，就是他为著作直接所得的疲劳、间接所得的苦痛的唯一报酬物，并且是他的新鲜精神的建造者。这也不限于 Mill，世人这般的正多。所以古人常常地想，有了可以通情契意的夫人，就可以捐弃一生的世间牵连，而去归隐。再举一例：一个人辛苦极了，听到舒畅的音乐，偏能把辛劳疾苦舒畅得干干净净；若又听到鼓荡的音乐，又要把这心境鼓励到天空去。当这时节，如是富于感情的人，他这心里当说不出怎么好了。能明白这音乐的人，自然有许多境界，就是不明白音乐的人，也不免把心绪随着这音乐声宽窄高下疾徐。感动得浅了，还不过是些心动手动脚动的情感；感动得深了，竟能至于肉体感觉发生变动，觉得脚不着地，头发不着皮，这身子仿佛要去化作气体。从此疲劳补满，更出产些新精神。这类的事倒正多，一切自然界的宏美，艺术界的真丽，都可随时随地引人生一种"我与物化"的情感，不必一一举例了。

所以多趣味的人就是能多收容精神界滋养品的人，能多劳苦而不倦息的人，能有归宿地的人。少趣味的人，纵然身躯极强固，意志极坚定，但时不免有两种危险来袭击。疲劳极了，苦痛多了，而无精神的安慰与酬报，不免生趣渐渐枯槁起来，久了，意志动机都成死灰。或者疲劳极了，苦痛多了，而无精神上的安慰与酬报，不免对于精神生活生一种捐弃的决心，转而单图物质的受用，于是乎大大溃决了。不知道这种生活的趣味，哪知道这种生活的可爱？不知道这种生活的可爱，哪能把这种生活保住得牢？

所以凭我一时揣想，有趣味的生活是能发展的生活，能安慰的生活，这是从积极方面说起；又是能保险的生活，这是从消极方面说起。

人各有所好，常常为他所好的缘故，把他的事业、名誉、生命、信仰都牺牲了。但这罪过不在乎他有所好，而在乎他所好的错了。无好的人，每每是最无用的人或者竟是死人。所以无论为自己，为公众，为快乐，为道理，都应该择选一个最适当的所好，而"阿其所好"。

但好得不是路了，每每扰乱了别人，殉了自己。"以此教人，固不爱人；以此喻己，亦不爱己。"独有美感的爱好，对得起自己，同时一样地对得起别人，这因为爱好美感和爱好别的物事有些根本的不同。

一来爱好美感的心理是匀净的，不像爱好别的起些千丈高波。

生些万难事故，纵然有时爱好它深了，以至于一往情深，恋念郁结，神魂飞动，满身的细胞起了变化，错误了世间一切真真实实的事，毕竟不遇心神上的盘旋，他自己生出了无数趣味，却不曾侵夺了别人的无数趣味。

二来爱好美感，是自己的利害和别人的利害一致的。不比好别的物事，每每这里得了，那里就失。

三来爱好别的，每每重在最后的获得。获得之前，先捐上无数苦恼，一旦得了，或终究不得，不免回想，以前"为谁辛苦为谁甘"，于是乎最后落到一个空观去。独有美感的爱好，要零零碎碎地取偿，它的目的平分散到时时刻刻——就是并没有最后的总目的——自然时时取偿，刻刻刈获，接连不断地发新精神。先上来不必积上些苦恼，末了也不至于反动，出一个空观，所以最熨帖。

四来爱好别的，越爱私心越发达，爱好美感竟能至于忘了"自我"，而得我与物的公平。

五来爱好别的，每每利害的分辨甚强，每每以智慧判断最后的究竟。我说句大胆话，我近来颇疑心智慧的效用。我觉得智慧颇少创造力，或者竟能使人种种动念，卷成灰烬，那些想到"可怕的内空"（Awful inner emptiness）的人，何尝不是智慧领着他寻得一个"大没结果"呢？至于爱美感，先去了利害的观念，安所容其得失之心？所以美感有创造的力量……六来……七来……正多着呢，我也说不清了。

总而言之，人若把他的生活放在一个美感的世界里面，可以使得生活的各面兴趣多多实现。更活泼，更有生趣，更能安慰，更能觉得生活与自然是一个人，不是两件事。人的生趣全在乎小己和身外一切的亲切；人的无趣——就是苦恼——全在乎小己和身外一切的不亲切。所以趣味发作起来，世界可以成一个大家；趣味干枯起来，一个人在精神上"索居而离群"，丧失了一切生活的乐境。总而言之，美感是趣味的渊源，趣味是使生活所以为生活者。

人生与趣味本有拆不开的关系：后一种是本体，前一种不过被附着的躯壳。一旦本体丧失，只剩了躯壳，人对于这躯壳是并不爱惜的。这话怎样讲呢？我们仔细想，我们实在有比人生还爱的东西，不然，何以拿着人生当孤注，拼命冒险寻它呢？更有比掉了人生——就是死——还不爱的东西，不然何以有时不惜掉了人生，或者避了人生的意义——就是离群索居呢？人为什么才活着？这本是一个最难回答的问题。但从常识上证起，也可以简单地根本解答，就是人为取得生趣而活着。什么是取得生趣？就是求获精神上的满足——或者可说安慰。一旦精神上不得满足，不能安慰，并没有生趣了，顿时觉得人生一无价值。

从古来有些很沉痛的说话，可以证明这道理。《诗经》上，"有生如此，不如无生！"小青也学古人说："未知生乐，焉知死悲？"有些思想家大大赞美人生，但他们所赞美的，依然是被生活所凭托的东西——生趣——并非是凭托生趣的东西——生命。又有些思想家大大毁谤人生，以为人应该看破这假面的人生，丢了它，避了它，或者安安稳稳地送它终，然后得到解脱，但他们所得依然是被生活所凭托的东西——生趣——并非是凭托生趣的东西——生命。他们以为生趣是无趣，是苦痛。他们以为人生和苦痛不可分离，所以诅咒苦痛的结果，忽然变成诅咒人生。他们本无所憾于人生，只恨人生所恐的苦痛，人生只不过是代人受过。从此解来，可知人的最上目的，并不是人命的取得，而是生趣的取得。只为生趣不能脱离生命而自存，所以就误以作凭托物的生命为最后的究竟。通常习而不察，觉得人在世间的一切行为、思想、感情、设施等，皆为达生命的目的而作，实是误以形体为含性而忘了含性了。一旦当生命生趣冲突时，略能见出人所求人所爱者，不在形体，而在含性，所以当有人为取得精神上之安慰，而牺牲了生命。

一般的见解，以为人生是无上的东西。这话的是否，全靠解释"人生"这一个名词。如果把人生讲作生命而止，很觉得有些不可通，如果把它作人生的含义便觉稳当得许多。

我现在简单地陈列于下边：

> 人并不是为活着而活着，只为达到他的生趣而活着。所以生活并不是人类最普遍最原始的目的，不过是达到他这最普遍最原始的目的的一种手段，偏偏这一种手段是最大的一种手段，所以就误以手段为目的。

但更深一层想来，手段目的的分别简直有些根本上难成立。如以生命为目的，我们固可以称人生一切物事为手段，因为这些不过是——看来像是——达到这生命一个目的的。但若照上文说的，人生的目的在生趣，那么，"目的"两字用得也就很牵强了。生趣就文义说来，只是一个抽象名词，就实际说，是时时处处散见在一人生活中的一切事体。既是零零碎碎的一切事体，那么人生的意义精神和祈祷，正是零零碎碎的、日用寻常的所包含的一种解说。所以人生的目的就是人生的手段，倒转来说，人生的手段，就是人生的目的。那一切零零碎碎的事物所包含的一切意趣，就是人生的目的，同时也是人生的手段。分碎了就是手段，打总了说是目的。客观着说只是一件东西，不过解释上分两面罢了。

那么，通常所称为人生的一切手段都有它自己的目的，也就是人生的目的。譬如学问，通常说是一个手段，达到较上生活那一个目的的，但较上生活并不是一件独立的东西，就住在学问里，所以我们竟可说，"我们为学问的缘故而学问"。人生有无数的分体散住在处处，每一个有趣味的物事里边住着一个人生之"分体"，所以每个有趣味——对人性发生趣味——的物事，有个至上的目的。所以我们为学问的缘故而学问，为行为的缘故而行为，为情感的缘故而感动……所以我们要重视我们平生所接触的有趣味的物事，不宜以这些物事是助兴趣而无关宏旨的。

人是群性的动物，所以自性质上说，人断不愿索居而离群，非特不愿，而且不能。但何以从古以来很有些"避世避地"的人呢？这是因为人有一种"自事自"的为我根性，觉得群中之乐，敌不过世间之苦，想逃世间之苦，不得不弃捐了群中之乐。但群中之乐终是不愿，而且不能弃捐的，所以结果定是弃而不弃。一面矫揉造作地"避世避地"，一面又把世间地上的药，用空中楼阁的眼光，取掩耳盗铃的方法，矫揉造作地从世间地上的苦中抽出，加在自然物身上。所以"与木石居，与鹿豕游"的人，总是把群性加在木石鹿豕身上，觉得这些东西都含着些天机人性，有群趣，有爱情，可以和他们沟通心意，简直是自己的朋友。

所以人并不能完全地离群，最多不过离下这个群，自己给自己另造一个群，丢了不愿意接触的，而把愿意接触的部分，以意为之地搬到一个新地域去就是了。这新地域总是自然界，所以可往这自然界里搬的缘故，总因为这自然界里含着一种美性，从此可知美性与群性的关合。

问这索居离群一个办法究竟对不对？却不容易简单回答。从社会的道理论起，就现代的眼光看来，简直是大愚，而且是罪恶。我平日常想，中国人只有一个真不道德，就是卑鄙龌龊；和一个假道德，就是清高。清高是胆怯、懒惰两种心理造成的，若论它造出的结果，简直可以到了"洪水横流"。但平情想来，这也是专制时代必生的反响。专制不容社会的存在，所以在"没有社会的时代"自然要生没有社会的思想。但难说可恕，却也很不可学。这话说来极长，和本题没有关系，不便多说。若就别一方面论起，他们也有他们的道理。他们能知道人生与自然是可以相遇的，而且实行使他们相遇起来。所差者"一往不返"，做得太过度了。

我在上文说，他们是"空中楼阁"，是"掩耳盗铃"，是"以意为之"，是"矫揉造作"，仿佛都是贬词。这不过随便用来形容他们的不同常情，并不就是说他们不是毫无道理。他们不是的方面放下不论，专说他们有道理的地方。他们能明白美感，领受美感，所以才能把人生的一部分放在自然的身上。美感是人生与自然相同的东西，人生中有和谐的旨趣，于是引人生美感；自然中有同样的和谐的旨趣，于是引人生同样的美感。虽然所施的方向不同样，所有的作用却是同样。美感又是人生与自然相遇的东西。

这话就是说：人生与自然相遇于美感之内。

人生的范围是怎样的？颇不容易断定地方，从一方面论起，人生全在自然界里边，人生的现象全是自然界的现象；但从别方面论起，自然界全在人生里边，一草一木，一芥一尘，大的如海洋，小的如点水，远的如恒星，近的如寒暑，都是直接或间接供人生往美感上去的东西。自然界里没有一件东西不供人生之用，自然界里没有一种意义不与人生切合。所以人生有个普遍性，所以人生是无往不在的。就是那最远的恒星里，离着我们人万万万万里，也含人生的意味。

这个人生在自然界的普遍性，最好从美感里看出。美感引人和身外的物亲切，又引人因身外的物的刺激，而生好动性。以好动的心境，合亲切的感情，于是乎使人生与自然界的一切东西发生深厚复杂的关系，于是乎使人生的意味更浓。我们除非说人生也是虚的，便不能不承认美感的价值，便不能不承认美感中有实在——因为人生实在。既这样，美感应该是我们的一种信仰。（以上是地中海舟中所作，以下是今日补成的）

问美感的由来是客观的呢，还是主观的呢？要回答这个问题，先要注意什么是主观？什么是客观？天地间的东西，本没有绝对客观的，都是以人性为之解释而生的见解。但主观又因范围不同，而生真实上的等别；个人的主观每每是偏见，人性的主观——就是普遍及于人类的——便是科学上的真实，通常称作客观。美感的真实和科学一样，并不少些。例如说：一人为美感所引，精神飞越，旁边的个人，对此毫不生如何感触，这可说是主观的了。但实际研究，又不是这样的。一来必须有引你神魂飞越的可能性，你的神魂才飞越，并不是你无中生有。二来你对此神魂飞越，别人不然，并不是你多些，是别人少些。你能比别人感受自然多一点，不是你杜撰，即不是主观。三来美感是个能发生效验的东西，他的效验应人而发，等度可量，所以不是玄妙的——个性的主观的。

总而言之，美感和理性都有客观的真实，不能以理性宰割美感，不能说一个是客观的实体，一个是主观的私见，因为它俩都是我们人类的精灵和自然界的含性所接触而生的东西，效力一般的大，实证一般的多。

我上次那个通信里（就是第一段里的）有一句说：

> 自然的美引人。据我凭定着想：形态的美，引人的文学思想；组织的美，引人的科学思想；意识的美，又能助宗教与哲学的发达。

因这几句话的争执，平伯和我写了很长的信，还不曾完结，现在事隔三月，追想论点何在，再也不能了，只好待后来若再想起时再说吧。

但美感之效用，诚不只上句话里说的，深处姑不论，只就最浅而易见的地方说，已很有伟大的范围。

人生的苦痛，每每由于两种相反的心思交战。一面固不能"索居而离群"，一面又很觉得"倦厌风尘"。所以静也不是，动也不是，一面觉得静得无聊，一面觉得动得无趣。然而美感是一件极流荡的东西、极不停止的东西，我们和它合作，精神是极流动的。心上有若干提醒，知觉界里有足数动机，习染得好，自然行事上很难动作，而又不滞于形骸之内，有极好的空气，最深彻的精神。但美感引人的动，却又大和物质引人不一样。物质把人引去，人便流连不返；情感的流动引人，虽很发扬，却忘不了深彻的境界。

人生每每困在争物料的所有权一个境地里，所以把物料的用处也弄错了，所以把人生的意味也变黑暗了。人的世界里，必要作野兽的行为。但自然的美谁也不能对着称所有者，即美之凭借人工者——为公园公林之类——也绝没有由人据为私有而发生更大趣味的事。我这意思是说，大家享受，比一人享受还有趣，绝不会一人享受别有趣。就是人为的美术，也还是供给大家看的有趣。所以情感极高彻的人，每每是极勇敢、淡泊、服公的人。我到欧洲来，觉得欧洲陈列馆、博物院、公园草地之多，大可为造就未来世界的张本。为造就未来那个合作的互助世界，此刻所要预备的：一是造这世界的组织法；二是造这世界的德素。前一项里，欧洲人的工业组会、消费组会、工团等，已大大可观；后一项里，这些引人生无私的美感的公共博物院与园林，也大有用处。

世人的人格粗略可以分作三级：最下是不能用形骸的人；上之者，能用形骸而不能不为促于形骸的人；最上是能用形骸而又不为促于形骸的人。这种深彻的人格，不能只靠知识为表率，全在乎感情之培养。

上文说了许多，大旨只是证明一件事：就是美感与人生说来既是不相离的，我们更要使它俩结合，造一个美满的果。一种人把美感当作好奇好古的意思去做，是大大错的，我们必须：

（1）以人生自然（To personify the nature），就是不使自然离了人生。

（2）以自然化人生（To naturalize the nature），就是不使人生徇恶浊的物质。

上两件事的结合便是古代希腊的文化。希腊文化是要学的，因为它的文化最是"人的文化"。我们并不需要超人的文化（罗马）和超自然的文化（犹太），以希腊文化的精神，自然产生雅典的 Democracy 世界。现在这个世界里，物质渊源这样大，智慧发展这样广，如果发达这个自然与人生结合的趋向，自然要比希腊人的成绩更进一层了。

拿一个互助合作的世界，去换这个竞争的资本世界，天然要有比现在更有人性的感情，去建设去。

这篇文章太觉词不达意了，前后又不是一时作的，末尾又是匆匆补上，一切意思都觉说不出来，很对读者抱歉。

谈 价 值 意 识

朱光潜

"物有本末，事有终始，知所先后，则近道矣。"

我初到英国读书时，一位很爱护我的教师辛博森先生写了一封很恳切的长信，给我讲为人治学的道理，其中有一句话说："大学教育在使人有正确的价值意识，知道权衡轻重。"于今事隔二十余年，我还很清楚地记得这句看来颇似寻常的话。在当时，我看到了有几分诧异，心里想：大学教育的功用就不过如此吗？这二三十年的人生经验才逐渐使我明白这句话的分量。我有时虚心检点过去，发现了我每次的过错或失败都恰是当人生歧路，没有能权衡轻重，以致去取失当。比如说，我花去许多工夫读了一些于今看来是值不得读的书，做了一些于今看来是值不得做的文章，尝试了一些于今看来是值不得尝试的事，这样地就把正经事业耽误了。好比行军，没有侦出要塞，或是侦出要塞而不尽力去击破，只在无战争重要性的角落徘徊摸索，到精力消耗完了还没碰着敌人，这岂不是愚蠢？

我自己对于这种愚蠢有切身之痛，每衡量当世人物，也欢喜审察他们有没有犯同样的毛病。有许多在学问思想方面极为我所敬佩的人，希望本来很大，他们如果死心塌地做他们的学问，成就必有可观。但是因为他们在社会上名望很高，每个学校都要请他们演讲，每个机关都要请他们担任职务，每个刊物都要请他们做文章，这样一来，他们不能集中力量去做一件事，用非其长，长处不能发展，不久也就荒废了。名位是中国学者的大患。没有名位去挣扎求名位，旁驰博骛，用心不专，是一种浪费；既得名位而社会视为万能，事事都来打搅，惹得人心花意乱，是一种更大的浪费。"古之学者为己，今之学者为人"，在"为人""为己"的冲突中，"为人"是很大的诱惑。学者遇到这种诱惑，必须知所轻重，毅然有所取舍，否则随波逐流，不旋踵就有没落之祸。认定方向，立定脚跟，都需要很深厚的修养。

　　"正其谊不谋其利，明其道不计其功"，是儒家在人生理想上所表现的价值意识。"学也禄在其中"，既学而获禄，原亦未尝不可；为干禄而求学，或得禄而忘学便是颠倒本末。我国历来学子正坐此弊。记得从前有一个学生刚在中学毕业，他的父亲就要他做事谋生，有友人劝阻他说："这等于吃稻种。"这句聪明话可表现一般家长视教育子弟为投资的心理。近来一般社会重视功利，青年学子便以功利自期，入学校只图混资格作敲门砖，对学问没有浓厚的兴趣，至于立身处世的道理更视为迂阔而远于事情。这是价值意识的混乱。教育的根基不坚实，影响到整个社会风气以至于整个文化。轻重倒置，急其所应缓，缓其所应急，这种毛病在每个人的生活上、在政治上、在整个文化动向上都可以看见。近来我看了英人贝尔的《文化论》(Clive Bell : Civilization)，其中有一章专论价值意识为文化要素，颇引起我的一些感触。贝尔专从文化观点立论，我联想到"价值意识"在人生许多方面的意义。这问题值得仔细一谈。

　　自然界事物纷纭错杂，人能不为之迷惑，赖有两种发现，一是条理，一是分寸。条理是联系线索，分寸是本末轻重。有了条理，事物才能分别类居，不相杂乱；有了分寸，事物才能尊卑定位，各适其宜。条理是横面上的秩序，分寸是纵面上的等差。条理在大体上是纯理活动的产品，是偏于客观的；分寸的鉴别则有赖于实用智慧，常为情感意志所左右，带有主观的成分。别条理，审分寸，是人类心灵的两种最大的功能。一般自然科学在大体上都是别条理的事，一般含有规范性的学术如文艺、伦理、政治之类都是审分寸的事。这两种活动有时相依为用，但是别条理易，审分寸难。一个稍有逻辑修养的人大半能别条理，审分寸则有待于一般修养。它不仅是分析，而且是衡量；不仅是知解，而且是抉择。"厩焚，子退朝，曰'伤人乎'，不问马。"这件事本很琐细，但足见孔子心中所存的分寸，这种分寸是他整个人格的表现。

　　所谓审分寸，就是辨别紧要的与琐屑的，也就是有正确的价值意识。"价值"是一个哲学上的术语，有些哲学家相信世间有绝对价值，永驻常在，不随时空及人事环境为转移，如康德所说的道德责任，黑格尔所说的永恒公理。但是就一般知解说，价值都有对待，高下相形，美丑相彰，而且事物自身本无价值可言，其有价值，是对于人生有效用，效用有大小，价值就有高低。这所谓"效用"自然是指极广义的，包含一切物质的和精神的实益，不单指狭义功利主义所推崇的安富尊荣之类。作为这样的解释，价值意识对于人生委实是重要。人生一切活动，都各追求一个目的，我们必须先估定这目的有无追求的价值。如果根本没有价值而我们去追求，只追求较低的价值，我们就打错了算盘，没有尽量地享受人生最大的好处。有正确的价值意识，我们对于可用的力量才能做最经济的分配，对于人生的丰富意味才能尽量榨取。人投生在这个世界里如入珠宝市，有任意采取的自由，但是货色无穷，担负的力量不过百斤。有人挑去瓦砾，有人挑去钢铁，也有人挑去珠玉，这就看他们的价值意识如何。

价值意识的应用范围极广。凡是出于意志的行为都有所抉择、有所排弃。在各种可能的途径之中择其一而弃其余，都须经过价值意识的审核。小而衣食行止，大而道德学问事功，无一能为例外。

价值通常分为真善美三种。先说真，它是科学的对象。科学的思考在大体上虽偏于别条理，却也须审分寸。它分析事物的属性，必须辨别主要的与次要的；推求事物的成因，必须辨别自然的与偶然的；归纳事例为原则，必须辨别貌似有关的与实际有关的。苹果落地是常事，只有牛顿抓住它的重要性而发明引力定律；蒸汽上腾是常事，只有瓦特抓住它的重要性而发明蒸汽机。就一般学术研究方法说，提纲絜领是一套紧要的功夫，囫囵吞枣必定是食而不化。提纲絜领需要很锐敏的价值意识。

次说美，它是艺术的对象。艺术活动通常分欣赏与创造。欣赏全是价值意识的鉴别，艺术趣味的高低全靠价值意识的强弱。趣味低，不是好坏无鉴别，就是欢喜坏的而不了解好的；趣味高，只有真正好的作品才够味，低劣作品可以使人作呕。艺术方面的爱憎有时更甚于道德方面的爱憎，行为的失检可以原谅，趣味的低劣则无可容恕。至于艺术创造更步步需要谨严的价值意识。在作品酝酿中，许多意象纷呈，许多情致泉涌，当兴高采烈时，它们好像八宝楼台，件件惊心夺目，可是实际上它们不尽经得起推敲，艺术家必能知道割爱，知道剪裁洗练，才可披沙拣金。这是第一步。已选定的材料需要分配安排，每部分的分量有讲究，各部分的先后位置也有讲究。凡是艺术作品必有头尾和身材，必有浓淡虚实，必有着重点与陪衬点。"譬如北辰，居其所，而众星共之"，艺术作品的意思安排也是如此。这是第二步。选择安排可以完全是胸中成竹，要把它描绘出来，传达给别人看，必借特殊媒介，如图画用形色，文学用语言。一个意思常有几种说法，都可以说得大致不差，但是只有一种说法，可以说得最恰当妥帖。艺术家对于所用媒介必有特殊敏感，觉得大致不差的说法实在是差以毫厘，谬以千里，并且在没有碰着最恰当的说法以前，心里就安顿不下去，他必肯呕出心肝去推敲。这是第三步。在实际创造时，这三个步骤虽不必分得如此清楚，可是都不可少，而且每步都必有价值意识在鉴别审核。每个大艺术家必同时是他自己的严厉的批评者。一个人在道德方面需要良心，在艺术方面尤其需要良心。良心使艺术家不苟且敷衍，不甘落下乘。艺术上的良心就是谨严的价值意识。

再次说善，它是道德行为的对象。人性本可与为善，可与为恶，世间善人少而不善人多，可知为恶易而为善难。为善所以难者，道德行为虽根于良心，当与私欲相冲突，胜私欲需要极大的意志力。私欲引人朝抵抗力最低的路径走，而道德行为往往朝抵抗力最大的路径走。这本有几分不自然。但是世间终有人为履行道德信条而不惜牺牲一切者，即深切地感觉到善的价值。"朝闻道，夕死可矣。"孔子醇儒，向少做这样侠士气的口吻，而竟说得如此斩截者，即本于道重于生命一个价值意识。古今许多忠臣烈士宁杀身以成仁，也是有见于此。从短见的功利观点看，这种行为有些傻气，但是人之所以为人，就贵在这点傻气。说浅一点，善是一种实益，行善社会才可安宁，人生才有幸福；说深一点，善就是一种美，我们不容行为有瑕疵，犹如不容一件艺术作品有缺陷。求行为的善，即所以维持人格的完美与人性的尊严。善的本身也有价值的等差。"礼与其奢也宁俭，丧与其易也宁戚"，重在内心不在外表。"男女授受不亲，嫂溺援之以手"，重在权变不在拘守条文。"人尽夫也，父一而已"，重在孝不在爱。忠孝不能两全时，先忠而后孝。以德报怨，即无以报德，所以圣人主以直报怨。"其父攘羊，其子证之"，为国法而伤天伦，所以圣人不取。子夏丧子失明而丧亲民无所闻，所以为曾子所呵责。孔子自己的儿子死只有棺，所以不肯卖车为颜渊买椁。齐人拒嗟来之食，义本可嘉，施者谢罪仍坚持饿死，则为太过。有无相济是正当道理，微生高乞醯以应邻人之求，不得为直。战所以杀敌制胜，宋襄公不鼓不成列，不得为仁。这些事例有极重大的，有极寻常的，都可以说明权衡轻重是道德行为中的紧要功夫。道德行为和艺术一样，都要做得恰到好处。这就是孔子所谓"中"，孟子所谓"义"。中者无过无不及，义者事之宜。要事事得其宜而无过无不及，必须有很正确的价值意识。

真善美三种价值既说明了，我们可以进一步谈人生理想。每个人都不免有一个理想，或为温饱，或为名位，或为学问，或为德行，或为事功，或为醇酒妇人，或为斗鸡走狗，所谓"从其大体者为大人，从其小体者为小人"。这种分别究竟以什么为标准呢？哲学家们都承认：人生最高目的是幸福。什么才是真正的幸福？对于这问题也各有各的见解。积学修德可被看成幸福，饱食暖衣也可被看成幸福。究竟谁是谁非呢？我们从人的观点来说，须认清人的高贵处在哪一点。很显然地，在肉体方面，人比不上许多动物，人之所以高于禽兽者在他的心灵。人如果要充分地表现他的人性，必须充实他的心灵生活。幸福是一种享受。享受者或为肉体，或为心灵。人既有肉体，即不能没有肉体的享受。我们不必如持禁欲主义的清教徒之不近人情，但是我们也须明白：肉体的享受不是人类最上的享受，而是人类与鸡豚狗彘所共有的。人类最上的享受是心灵的享受。哪些才是心灵的享受呢？就是上文所述的真善美三种价值。学问、艺术、道德几无一不是心灵的活动，人如果在这三方面达到最高的境界，同时也就达到最幸福的境界。一个人的生活是否丰富，这就是说，有无价值，就看他对于心灵或精神生活的努力和成就的大小。如果只顾衣食饱暖而对于真善美不感觉兴趣，他就成为一种行尸走肉了。这番道理本无深文奥义，但是说起来好像很迂阔。灵与肉的冲突本来是一个古老而不易化除的冲突。许多人因顾到肉遂忘记灵，相习成风，心灵生活便被视为怪诞无稽的事。尤其是近代人被"物质的舒适"一个观念所迷惑，大家争着去拜财神，财神也就笼罩了一切。"哀莫大于心死"，而心死则由于价值意识的错乱。我们如想改正风气，必须改正教育，想改正教育，必须改正一般人的价值意识。

谈美感教育

朱光潜

世间事物有真善美三种不同的价值，人类心理有知情意三种不同的活动。这三种心理活动恰和三种事物价值相当：真关于知，善关于意，美关于情。人能知，就有好奇心，就要求知，就要辨别真伪，寻求真理。人能发意志，就要想好，就要趋善避恶，造就人生幸福。人能动情感，就爱美，就欢喜创造艺术，欣赏人生自然中的美妙境界。求知、想好、爱美，三者都是人类天性；人生来就有真善美的需要，真善美具备，人生才完美。

教育的功用就在顺应人类求知、想好、爱美的天性，使一个人在这三方面得到最大限度的调和的发展，以达到完美的生活。"教育"一词在西文为education，是从拉丁动词educarc来的，原义是"抽出"，所谓"抽出"就是"启发"。教育的目的在"启发"人性中所固有的求知、想好、爱美的本能，使它们尽量生展。中国儒家的最高的人生理想是"尽性"。他们说："能尽人之性则能尽物之性，能尽物之性则可以赞天地之化育。"教育的目的可以说就是使人"尽性"，"发挥性之所固有"。

物有真善美三面，心有知情意三面，教育求在这三方面同时发展，于是有智育、德育、美育三节目。智育叫人研究学问，求知识，寻真理；德育叫人培养良善品格，学做人处世的方法和道理；美育叫人创造艺术，欣赏艺术与自然，在人生世相中寻出丰富的兴趣。三育对于人生本有同等的重要，但是在流行教育中，只有智育被人看重，德育在理论上的重要性也还没有人否认，至于美育则在实施与理论方面都很少有人顾及。二十年前蔡孑民先生一度提倡过"美育代宗教"，他的主张似没有产生多大的影响。还有一派人不但忽略美育，而且根本仇视美育。他们仿佛觉得艺术有几分不道德，美育对于德育有妨碍。希腊大哲学家柏拉图就以为诗和艺术是说谎的，逢迎人类卑劣情感的，多受诗和艺术的熏染，人就会失去理智的控制而变成情感的奴隶，所以他对诗人和艺术家说了一番客气话之后，就把他们逐出"理想国"的境外。中世纪耶稣教徒的态度很类似。他们以倡苦行主义求来世的解脱，文艺是现世中一种快乐，所以被看成一种罪孽。近代哲学家中卢梭是平等自由说的倡导者，照理应该能看得宽远一点，但是他仍是怀疑文艺，因为他把文艺和文化都看成朴素天真的腐化剂。

托尔斯泰对近代西方艺术的攻击更丝毫不留情面，他以为文艺常传染不道德的情感，对于世道人心影响极坏。他在《艺术论》里说："每个有理性有道德的人应该跟着柏拉图以及耶稣和伊斯兰教师，把这问题重新这样决定：宁可不要艺术，也莫再让现在流行的腐化的虚伪的艺术继续下去。"

这些哲学家和宗教家的根本错误在认定情感是恶的，理性是善的，人要能以理性镇压感情，才达到至善。这种观念何以是错误的呢？人是一种有机体，情感和理性既都是天性固有的，就不容易拆开。造物不浪费，给我们一份家当就有一份的用处。无论情感是否可以用理性压抑下去，纵是压抑下去，也是一种损耗，一种残废。人好比一棵花草，要根茎枝叶花实都得到平均的和谐的发展，才长得繁茂有生气。有些园丁不知道尽草木之性，用人工去歪曲自然，使某一部分发达到超出常态，另一部分则受压抑摧残。这种畸形发展是不健康的状态，在草木如此，在人也是如此。理想的教育不是摧残一部分天性而去培养另一部分天性，以致造成畸形的发展；理想的教育是让天性中所有的潜蓄力量都得尽量发挥，所有的本能都得平均调和发展，以造成一个全人。所谓"全人"除体格强壮以外，心理方面真善美的需要必都得到满足。只顾求知而不顾其他的人是书虫，只讲道德而不顾其他的人是枯燥迂腐的清教徒，只顾爱美而不顾其他的人是颓废的享乐主义者。这三种人都不是全人而是畸形人，精神方面的驼子、跛子。养成精神方面的驼子、跛子的教育是无可辩护的。

美感教育是一种情感教育。它的重要我们的古代儒家是知道的。儒家教育特重诗，以为它可以兴观群怨；又特重礼乐，以为"礼以制其宜，乐以导其和"。《论语》有一段话总述儒家教育宗旨说："兴于诗，立与礼，成于乐。"诗、礼、乐三项可以说都属于美感教育。诗与乐相关，目的在怡情养性，养成内心的和谐（harmony）；礼重仪节，目的在使行为仪表就规范，养成生活上的秩序（order）。蕴于中的是性情，受诗与乐的陶冶而达到和谐；发于外的是行为仪表，受礼的调节而进到秩序。内具和谐而外具秩序的生活，从伦理观点看，是最善的；从美感观点看，也是最美的。儒家教育出来的人要在伦理和美感观点都可以看得过去。

这是儒家教育思想中最值得注意的一点。他们的着重点无疑的是在道德方面，德育是他们的最后鹄的，这是他们与西方哲学家、宗教家柏拉图和托尔斯泰诸人相同的。不过他们高于柏拉图和托尔斯泰诸人，因为柏拉图和托尔斯泰诸人误认美育可以妨碍德育，而儒家则认定美育为德育的必由之径。道德并非陈腐条文的遵守，而是至性真情的流露。所以德育从根本做起，必须怡情养性。美感教育的功用就在怡情养性，所以是德育的基础功夫。严格地说，善与美不但不相冲突，而且到最高境界根本是一回事，它们的必有条件同是和谐与秩序。从伦理观点看，美是一种善；从美感观点看，善也是一种美。所以在古希腊文与近代德文中，美、善只有一个字，在中文和其他近代语文中，"善"与"美"二字虽分开，仍可互相替用。真正的善人对于生活不苟且，犹如艺术家对于作品不苟且一样。过一世生活好比做一篇文章，文章求惬心贵当，生活也需求惬心贵当。我们嫌恶行为上的卑鄙龌龊，不仅因其不善，也因其丑；我们赞赏行为上的光明磊落，不仅因其善，也因其美。一个真正有美感修养的人必定同时也有道德修养。

美育为德育的基础，英国诗人雪莱在《诗的辩护》里也说得透辟。他说：

道德的大原在仁爱，在脱离小我，去体验我以外的思想行为和体态的美妙。一个人如果真正做善人，必须能深广地想象，必须能设身处地替旁人想，人类的忧喜苦乐变成他的忧喜苦乐。要达到道德上的善，最大的途径是想象；诗从这根本上做功夫，所以能产生道德的影响。

换句话说，道德起于仁爱，仁爱就是同情，同情起于想象。比如你哀怜一个乞丐，你必定先能设身处地想象他的痛苦。诗和艺术对于主观的情境必能"出乎其外"，对于客观的情境必能"入乎其中"，在想象中领略它、玩索它，所以能扩大想象，培养同情。这种看法也与儒家学说暗合。儒家在诸德中特重"仁"，"仁"近于耶稣教的"爱"、佛教的"慈悲"，是一种天性，也是一种修养。仁的修养就在诗。儒家有一句很简赅深刻的话："温柔敦厚，诗教也。"诗教就是美育，温柔敦厚就是仁的表现。

美育不但不妨害德育而且是德育的基础，如上所述。不过美育的价值还不仅在此。西方人有一句恒言说："艺术是解放的，给人自由的。"（Art is liberative.）这句话最能见出艺术的功用，也最能见出美育的功用。现在我们就在这句话的意义上发挥。从哪几方面看，艺术和美育是"解放的，给人自由的"呢？

第一，是本能冲动和情感的解放。人类生来有许多本能冲动和附带的情感，如性欲、生存欲、占有欲、爱、恶、怜、惧之类。本自然倾向，它们都需要活动，需要发泄。但是在实际生活中，它们不但常彼此互相冲突，而且与文明社会的种种约束如道德、宗教、法律、习俗之类不相容。我们每个人都知道，本能冲动和欲望是无穷的，而实际上有机会实现的却寥寥有数。我们有时察觉到本能冲动和欲望不大体面，不免起羞恶之心，硬把它们压抑下去；有时自己对它们虽不羞恶而社会的压力过大，不容它们赤裸裸地暴露，也还是被压抑下去。性欲是一个最显著的例。从前哲学家、宗教家大半以为这些本能冲动和情感都是卑劣的、不道德的、危险的，承认压抑是最好的处置。他们的整部道德信条有时只在理智镇压情欲。我们在上文指出这种看法的不合理，说它违背平均发展的原则，容易造成畸形发展。其实它的祸害还不仅此。弗洛伊德派心理学告诉我们，本能冲动和附带的情感仅可暂时压抑而不可永远消灭，它们理应有自由活动的机会，如果勉强被压抑下去，表面上像是消灭了，实际上在隐意识里凝聚成精神上的疮疖，为种种变态心理和精神病的根源。依弗洛伊德看，我们现代文明社会中人因受道德、宗教、法律、习俗的裁制，本能冲动和情感常难得正常的发泄，大半都有些"被压抑的欲望"所凝成的"情意综"（complexes）。这些情意综潜蓄着极强烈的捣乱力，一旦爆发，就成精神上种种病态。但是这种潜力可以借文艺而发泄，因为文艺所给的是想象世界，不受现实世界的束缚和冲突，在这想象世界中，欲望可以用"望梅止渴"的办法得到满足。文艺还把带有野蛮性的本能冲动和情感提到一个较高尚较纯洁的境界去活动，所以有升华作用（sublimation）。有了文艺，本能冲动和情感才得自由发泄，不致凝成疮疖，酿成精神病，它的功用有如机器方面的"安全瓣"（safety volve）。弗洛伊德的心理学有时近于怪诞，但实含有一部分真理。文艺和其他美感活动给本能冲动和情感以自由发泄的机会，在日常经验中也可以得到证明。我们每当愁苦无聊时，费一点工夫来欣赏艺术作品或自然风景，满腹的牢骚就马上烟消云散了。读古人痛快淋漓的文章，我们常有"先得我心"的感觉。看过一部戏或是读过一部小说之后，我们觉得曾经紧张了一阵是一件痛快事。这些快感都起于本能冲动和情感在想象世界中得解放。最好的例子是歌德著《少年维特之烦恼》的经过。他少时爱过一个已经许人的女子，心里痛苦已极，想自杀以了一切。有一天他听到一位朋友失恋自杀的消息，想到这事和他自己的境遇相似，可以写成一部小说。他埋头两礼拜，写成《少年维特之烦恼》，把自己心中怨慕愁苦的情绪一齐倾泻到书里，书成了，他的烦恼便去了，自杀的念头也消了。从这实例看，文艺确有解放情感的功用，而解放情感对于心理健康也确有极大的裨益，我们通常说一个人情感要有所寄托，才不致苦恼烦闷，文艺是大家公认为寄托情感的最好的处所。所谓"情感有所寄托"还是说它要有地方可以活动，可得解放。

　　第二，是眼界的解放。宇宙生命时时刻刻在变动进展中，希腊哲人有"濯足急流，抽足再入，已非前水"的譬喻，所以在这种变动进展的过程中每一时每一境都是个别的、新鲜的、有趣的。美感经验并无深文奥义，它只在人生世相中见出某一时某一境特别新鲜有趣而加以流连玩味，或者把它描写出来。这句话中"见"字最紧要。我们一般人对于本来在那里的新鲜有趣的东西不容易"见"着。这是什么缘故呢？不能"见"必有所蔽。我们通常把自己围在习惯所画成的狭小圈套里，让它把眼界"蔽"着，使我们对它以外的世界都视而不见、听而不闻。比如我们如果围于饮食男女，饮食男女以外的事物就见不着；围于奔走钻营，奔走以外的事就见不着。有人向海边农夫称赞他的门前海景美，他很羞涩地指着屋后菜园说："海没有什么，屋后的一园菜倒还不差。"一园菜围住了他，使他不能见到海景美。我们每个人都有所围，有所蔽，许多东西都不能见，所见到的天地是非常狭小、陈腐、枯燥的。诗人和艺术家所以超过我们一般人者就在情感比较真挚、感觉比较锐敏、观察比较深刻、想象比较丰富。我们"见"不着的他们"见"得着，并且他们"见"得到就说得出，我们本来"见"不着的他们"见"着说出来了，就使我们也可以"见"着。像一位英国诗人所说的，他们"借他们的眼睛给我们看"（They lend their eyes for us to see）。中国人爱好自然风景的趣味是陶、谢、王、韦诸诗人所传染的。在Turner和Whistler以前，英国人就没有注意到泰晤士河上有雾。Byron以前，欧洲人很少赞美威尼斯。前一世纪的人崇拜自然，常咒骂城市生活和工商业文化，但是现代美国、俄国的文学家有时把城市生活和工商业文化写得也很有趣。人生的罪孽灾害通常只引起愤恨，悲剧却教我们于罪孽灾祸中见出伟大庄严；丑陋乖讹通常只引起嫌恶，喜剧却教我们在丑陋乖讹中见出新鲜的趣味。Rembrandt画过一些疲癃残疾的老人以后，我们见出丑中也还有美。象征诗人出来以后，许多一纵即逝的情调使我们觉得精细微妙，特别值得留恋。文艺逐渐向前伸展，我们的眼界也逐渐放大，人生世相越显得丰富华严。这种眼界的解放给我们不少的生命力量，我们觉得人生有意义、有价值，值得活下去。许多人嫌生活干燥，烦闷无聊，原因就在缺乏美感修养，见不着人生世相的新鲜有趣。这种人最容易堕落颓废，因为生命对于他们失去意义与价值。"哀莫大于心死"，所谓"心死"就是对于人生世相失去解悟与留恋，就是不能以美感态度去观照事物。美感教育不是替有闲阶级增加一件奢侈，而是使人在丰富华严的世界中随处吸收支持生命和推展生命的活力。朱子有一首诗说："半亩方塘一鉴开，天光云影共徘徊。问渠那得清如许？为有源头活水来。"这诗所写的是一种修养的胜境。美感教育给我们的就是"源头活水"。

第三，是自然限制的解放。这是德国唯心派哲学家康德、席勒、叔本华、尼采诸人所最看重的一点，现在我们用浅近语来说明它。自然世界是有限的，受因果律支配的，其中毫末细故都有它的必然性，因果线索命定它如此，它就丝毫移动不得。社会由历史铸就，人由遗传和环境造成。人的活动寸步离不开物质生存条件的支配，没有翅膀就不能飞，绝饮食就会饿死。由此类推，人在自然中是极不自由的。动植物和非生物一味顺从自然，接受它的限制，没有过分希冀，也就没有失望和痛苦。人却不同，他有心灵，有不可压的欲望，对于无翅不飞、绝食饿死之类事实总觉有些歉然。人可以说是两重奴隶，第一服从自然的限制，其次要受自己的欲望驱使。以无穷欲望处有限自然，人便觉得处处不如意、不自由，烦闷苦恼都由此起。专就物质说，人在自然面前是很渺小的，它的力量抵不住自然的力量，无论你有多大的成就，到头终不免一死，而且科学告诉我们，人类一切成就到最后都要和诸星球同归于毁灭，在自然圈套中求征服自然是不可能的，好比孙悟空跳来跳去，终跳不出如来佛的掌心。但是在精神方面，人可以跳开自然的圈套而征服自然，他可以在自然世界之外，另在想象中造出较能合理慰情的世界。这就是艺术的创造。在艺术创造中可以把自然拿在手里来玩弄，剪裁它、锤炼它，重新给以生命与形式。每一部文艺杰作以至于每人在人生自然中所欣赏到的美妙境界都是这样创造出来的。美感活动是人在有限中所挣扎得来的无限，在隶属中所挣扎得来的自由。在服从自然限制而汲汲于饮食男女的寻求时，人是自然的奴隶；在超脱自然限制而创造欣赏艺术境界时，人是自然的主宰，换句话说，就是上帝。多受些美感教育，就是多学会如何从自然限制中解放出来，由奴隶变成上帝，充分地感觉人的尊严。

爱美是人类天性，凡是天性中所固有的必须趁适当时机去培养，否则像花草不及时下种及时培植一样，就会凋残萎谢。达尔文在自传里懊悔他一生专在科学上做功夫，没有把他年轻时对于诗和音乐的兴趣保持住，到老来他想用诗和音乐来调剂生活的枯燥，就抓不回年轻时那种兴趣，觉得从前所爱好的诗和音乐都索然无味。他自己说这是一部分天性的麻木，这是一个很好的前车之鉴。美育必须从年轻时就下手，年纪愈大，外务日纷繁，习惯的牢笼愈坚固，感觉愈迟钝，心里愈复杂，欣赏艺术力也就愈薄弱。我时常想，无论学哪一科专门学问，干哪一行职业，每个人都应该会听音乐，不断地读文学作品，偶尔有欣赏图画、雕刻的机会。在西方社会中这些美感活动是每个受教育者的日常生活中的重要节目。我们中国人除专习文学艺术者以外，一般人对于艺术都漠不关心，这是最可惋惜的事，它多少表示民族生命力的低降与精神的颓靡。从历史看，一个民族在最兴旺的时候，艺术成就必伟大，美育必发达。史诗悲剧时代的希腊、文艺复兴时代的意大利、莎士比亚时代的英国、歌德和贝多芬时代的德国都可以为证。我们中国人古代对于诗乐舞的嗜好也极普遍。《诗经》《礼记》《左传》诸书所记载的歌乐舞的盛况常使人觉得仿佛是置身近代欧洲社会。孔子处周衰之际，特置慨于诗亡乐坏，也是见到美育与民族兴衰的关系密切。现在我们要想复兴民族，必须恢复周以前歌乐舞的盛况，这就是说，必须提倡普及的美感教育。

青年的恋爱

孙福熙

晚餐桌上，一位小军官问ㄌㄢㄆㄢ（注：当时的注音符号，ㄌㄢㄆㄢ相当于lan）君："为什么有不高兴的样子？"

"我是回国去的，然而我的心仍旧在英国。"他回答。

"那么，为了恋爱了？"

"不，为了一个朋友，一个男朋友。"他且说且羞涩地微笑了。

十四日以前，在马赛开船的第二天，舱面上，铺着狼皮与地毯，在渐行渐渐微温起来的太阳光中，数人围坐着，合奏音乐。几位从美国回来的中国学生也攒进去讲话。我是不会交际的，而且我不懂音乐，所以绝不去加入。况且还听他们说的全是英国话，我又不能应酬。我虽不去与他们接近，却一直在观察他们，看他们相互戏谑的态度，我判定他们是一个团体。然而是什么团体呢？他们中一男一女与一小姑娘均是英国人，还有两个黑色面孔的是印度人，一个面色浅灰黄的，想来是印度人的一种，一个是黄种人而皮色白且秀者，想非中国或日本人，那么是安南人了。三个英国人当然是夫妻与女孩无疑，然而四个青年是何等人？与三个英国人的关系又如何呢？

郭君不约而同地也在观察，当我与他讲起时，他也以为是一个团体无疑，大概他们是走江湖的。我说："想必是与教会有关系的：四个青年是这对英国夫妇的什么学校的学生，或者他们受这人的聘请，特来印度办教会学校或别的传教士。"郭君也承认我的猜测较为有理。

ㄌㄢㄆㄢ君就是这团体中我猜为安南人的一位，但那时我尚不认识他，所以不能问他是否是安南人或他们究竟是什么团体。

认识ㄌㄢㄆㄢ君就在听他们合奏的第二天，也是在晚餐时节。我拿了红烧的蓟（Artichaut）的硬皮，照我的习惯，一片一片顺次地排列在盘边时，我斜对过的排长很谦和地问我：

"你是到哪里去的？"

"我一直要在上海离船哩。"

"中国吗？"ㄌㄢㄆㄢ君第一次对我说话，因为说的是法国话，所以如此简短。

他比我更羞涩，所以我们不再讲什么话，虽然两人都随时以和蔼的面色相互注视的，然而排长们屡次要问他，而且对他讲安南的情形，大概也猜他是安南人之故。他们并不了然于安南的情形，所说的当是别人因他们要到安南去而告诉他们的。ㄌㄢㄆㄢ君以法语回答他们，颇能达意。

在饭厅门口出来，他也正出来，我让他，他也让我。

"你说法国话也这样好！"我对他说。

"不。"他羞涩地一笑。

我在房中洗面后出来，他也出来了。他又让我先上楼梯，自己跟着，同到舱上来了。

月光与清风一样温柔地抚弄人面时，我与这位英锐的青年谈话。我在他的年纪时或任何时期不曾这样灵敏，而且在中国我不曾看见过这样灵敏的青年，细薄的肌肤，脉脉流露智慧，润泽而明净的两眼，在月光中闪烁，传出无穷的才华，却又是收入智慧之门，机巧中带着和蔼，庄重中带着诙谐，笔挺地站着，大约是十八岁的人。

"到英国来有几年了呢？"我问。

"四年了。"

"专修哪一科呢？"

"学法律，现在还在预备文字，英文与拉丁。"

"也学法文吗？"

"法文还是小孩时代学过一点，现在忘记了。"虽然说法语颇好，在颜色上却表示说得不好而抱歉的，于是我愈觉我的法语太坏而羞愧了。

"这次到什么地方去呢？"

"到新加坡去。"

"家，就在那里吗？"

"不，我还要到暹罗去，我是暹罗人。"

我听了觉得非意料所及，而且知道所猜测他们团体的一定大误，所以急忙地问："那么你的朋友们也是吗？"

"我的朋友们？我只有一个表兄，就是弹曼特林的，戴软帽的。"

他又说两个印度人是在英国学农后回去的，英国人夫妇有国家的差使到科伦坡去的，大家都是在船上相识的。

从此以后我屡次与ㄌㄢㄆㄢ君散步谈话，而且渐渐知恋爱之占有他的心境。

在膳桌旁，他挺直地坐着，一举手一转头都出于确实的志愿，不稍苟且。衣领都极整洁，处处显出锋棱。消费时间于服饰者常使人疑心是为了服饰而生活的；然而用了服饰可以表示心情与主张，所以与情感、语言、文字及一切艺术同含有艺术之至理——我们见一生人可以从他的服饰推测人的浮夸或朴素，颓唐或振作。ㄅㄢㄆㄢ君的锐气，不必听他的言辞，不必看他的举止，从他的衣服上已看得很明白了。自然，衣服的艺术不仅是用了整洁一端以表示如他所有的锐气的，特创或保守可于服饰的不趋时尚中见之，不拘小节或急于兴革可于不合法度中见之。他又应气候的变易而改换衣服，不受热，也不冒寒。当早晚有风时，他披一块项围，黑白阔纹相间的绸制成的，据他说是网球竞赛胜利的赠品。早晨着红黑条纹的运动衣，雪白的衬衫领翻出衣领外，底下是红漆皮拖鞋，套在淡墨色的袜外，早餐后则换上衣领。我从来没有在他的脸上发现一些鼻垢或眼脂或任何污点。不比较不知道，与他常说话的两位印度学生就大不同了。吃饭或无论什么时候，坐着忽倒向椅背的左角，忽倒向右角，提起左膝踝支在桌边，忽又换以右膝踝。他们是在热带生长的，所以体态弛缓，这是可以原谅的；然而在这里并不炎热的时候应该振作些了，他们却不然。从此我知倘若他们到寒带，还是懒懒地斜倚冰山而坐的。试看，暹罗与他们为邻，岂不同是热带国吗？这完全是人的问题，ㄅㄢㄆㄢ君的满身尊贵不是他的表兄的沉滞的脸上所有的，而且在温带生长的我反是凡俗而污浊。

诚如我们所猜，他是贵族子，他的名片上他的通信地名就是他的姓ㄅㄢㄆㄢ，他的父亲是ㄅㄢㄆㄢ地方的封爵。

他是不大饮酒的，上唇微微接触红酒后，就稍稍吸入口内，知是灵敏易感的，于是舌尖出来抚摩它。我初见他就羡慕他的口唇了。从这里，他将要传送他的爱给美好而幸福的姑娘，从这里，他将吸收姑娘的智慧使自己更有智慧。

我自信不是想探索他人恋爱的秘密，实在因为我同情于天下的情人，当ㄅㄢㄆㄢ君说出"心在英国"的一句话以后，我就于晚间散步时问他了。

"你在想念你的爱人，是不是？"

"一个女朋友，打网球的朋友。"他回答我。他之所以肯实说者并不是欲以有爱人而对我示富，也不是不知言语的谨慎随意以私事告人；实在，有浓厚的情感而不能表示是极难忍的，遇见同情于他者便极痛快地讲出来了。

"认识她很久了吧？"我又问。

"因为在学校，只有礼拜日可以相见，所以交际也不多。"

"你应该十分保重自己，这正是爱她的方法。为了她而多用思想，甚至无意于寝食，倘若她知道，她必十分不安了。"

听了我的话，他微笑了，而且说："我并不是为她，只因为病了。"

"这几天你很少出来，你在做什么事消遣？"

"我看书，……睡觉，……做日记寄她，……因为临行时我这样允许她的。"说着惨然一笑。

倘若我是一个女孩，我也一定爱这位多才而又多情的少年；而且天下有可做父母的人，一定爱这样的儿子；有可做教师的人，一定爱这样的学生；就是我，也觉做了他的朋友而荣幸。在舱上三五聚谈的人群中，他犹如白鹤，孤寂地立在较远之处。我隔了人群看见他面上的一小部分，尤其是看见他面上三粒细小的黑痣之一，我轻快而安慰了。

排长们见他不高兴，讥讽或者还带着嫉妒地对他说："你又在想你的好朋友了！"

"不，我是不要结婚的，英国话中有一句成语：'妇人是世界最坏的东西。'"他说时面色颇严厉，或者竟是恼怒，大概他欲表示他的爱情是与凡人之视结婚为商业的成交者有别的。然而，我怕他因为环境的限制，竭力节制，想说服自己，所以有这话；或者他已起了反动，真的绝对拒绝了。他是很可享受爱的幸福的，我不愿坐视他失掉机会，况且，他的女友未必与他一样的反动，一定还在浓厚而甜蜜地希望他，怎么能够知道他的心情已经坏到如此了。所以我劝他：

"爱是不必受什么限制的。远隔着的，你也可爱；不爱你的，你也可爱。你只要不等待他人之也爱你，远离及一切阻挠都不会发生问题的。我相信你的多才智，爱艺术，不是能完全屏拒恋爱的人。"

"是的，我知道凡有艺术家都是富情感的，然而我真的不要恋爱了！"

恋爱真如酒，一触口唇就沉醉，于是决然戒酒了。

美 与 爱

沈从文

　　宇宙实在是个复杂的东西，大如太空列宿，小至蜉蝣蝼蚁，一切分裂与分解，一切繁殖与死亡，一切活动与变易，俨然都各有秩序，照固定计划向一个目的进行。然而这种目的却尚在活人思索观念边际以外，难于说明。人心复杂，似有过之无不及。然而目的却显然明白，即求生命永生。永生意义，或为精子游离而成子嗣延续，或凭不同材料产生文学艺术。似相异，实相同，同源于"爱"。

　　一个人过于爱有生一切时，必因为在一切有生中发现了"美"，亦即发现了"神"。必觉得那个光与色，形与线，即代表一种最高的德行，使人乐于受它的统治，受它的处置。人类的智慧亦即由其影响而来。然而典雅辞令和华美仪表，与之相比都显得黯然无光，如细碎星点在朗月照耀下的情形。它或者是一个人、一件物、一种抽象符号的结集排比，令人只能低首表示虔敬。正若如此一来，虽不会接近上帝，至少已接近上帝造物。

　　这种美或由上帝造物之手所产生，一片铜、一块石头、一把线、一组声音，其物虽小，亦可以见世界之大，并见世界之全。或即造物，最直接简便那个"人"。流星、闪电于天空刹那而逝，从此烛示一种无可形容的美丽圣境，人亦相同，一微笑，一皱眉，无不同样可以显出那种胜境。一个人的手足毛发在此一闪即逝更缥缈的印象中，并印象温习中，都无不可以见出造物者之手艺无比精巧。凡知道用各种感觉去捕捉住此美丽神奇光影的，此光影在生命中即终生不灭。屈原、曹植、李煜、曹雪芹，便是将这种光影用文字组成篇章，保留得比较完整的几个人，这些人写成的作品，虽各不相同，所得启示必古今如一，即被美所照耀，所征服，所教育是也。

美固无所不在，凡属造型，如用泛神情感去接近，即无不可见出其精巧处和完整处。生命之最高意义，即此种"神在生命中"的认识。唯宗教与金钱，或归纳，或销蚀，已令多数人生活下来逐渐都变得庸俗呆笨，了无趣味。这些人对于一切美物、美事、美行为、美观念，无不漠然处之，毫无反应。于宗教虽若具有虔信，亦无助于宗教美的发展。于金钱虽若具有热情，实不如金钱真正意义。

这种人既填满地面各处，必然即堕落了宗教的神圣庄严性，凝滞了金钱的活动变化性。这种人大都富于常识，会打小算盘，知从"实在"上讨生活，或从"意义""名分"上讨生活，捕蚊捉蚤，玩牌下棋，在小小得失上注意关心，引起哀乐。生活安适，即已满足。活到末了，倒下完事。这些人所需要的既只是"生活"，并非对于"生命"具有何等特殊理解，故亦从不追寻生命如何使用，方更有意义。因此若有人超越习惯的心与眼，对于美特别敏感，自然即将被这个多数人目为"痴汉"。若与多数人的利害观念相冲突，且成为疯狂，为恶徒，为叛逆。换言之，即一切不吉名词，无不可加诸其身。对此符号消极为"沾惹不得"，积极为

"与共弃之"。然一切文学、美术以及多数思想组织上的巨大成就，却常常唯痴汉有分，与多数无涉，则显而易见。

世界上缝衣的、理发的、做高跟皮鞋的、制造胭脂水粉的，共同把女人的灵魂压扁、扭曲，使其失去了原有的本性，亦恰恰如宗教、金钱，到近代再加上官场得失、世故哲学，将多数男子的灵魂压扁、扭曲所形成的变态一样。两者且有一个共同点，即由于本性日渐消失，"护短"情感因之亦与日俱增。和尚、道士、会员、社员……人人都俨然为一切名分而生存得十分庄严，事实上任何一个人却从不曾仔细思索这些名词的本来意义。许多"场面上"的人物，只不过如花园中的盆景，被所谓思想观念强制曲折成为各种小巧而丑恶的形式罢了。一切所为、所成就，无不表示对于自然之违反，见出社会的拙象和人的愚心。然而近代的各种人生学说，却大多数起源于承认这种种，重新给以说明与界限。

这也就正是一般名为"思想家"的人物，日渐变成政治八股交际公文注疏家的原因！更无怪乎许多"政策""纲要""设计""报告"，都找不出一点依据可证明它是出于这个民族最优秀的头脑与真实情感的产物，只看到它完全建筑在少数人的霸道无知和多数人的迁就虚伪上面，政治、哲学、美术，背面都给一个"市侩"人生观在推行。换言之，即"神的解体"！

神既经解体，因此世上多斗方名士，多假道学，多蜻蜓点水的生活法，多情感被阉割的人生观，多轻微妒忌，多无根传说。大多数人的生命如一堆牛粪，在无热无光中慢慢燃烧，且都安于这种燃烧形式，不以为意。本来是懒惰麻木，却号称为"老成持重"；本来是自私小气，却被赞为"有分寸不苟且"。他的架子虽大，灵魂却异常小；他目前的地位虽高，却用过去的卑屈佞谀奠基而成。这也就是社会中还有圆光、算命、求神、许愿种种老玩意儿存在的理由。因为这些人若无从在贿赂阿谀交换中支持他们的地位，发展他们的事业，即必然要将生命交给不可知的运与数的。

然而人是能够重新创造"神"的，且能用这个抽象的神，阻止退化现象的扩大，给新的生命一种刺激和启迪。

我们实需要一种美和爱的新宗教，来煽起更年轻一辈做人的热诚，激发其生命的抽象搜寻，对人类未来向上、合理的一切设计，都能产生一种崇高、庄严的感情。国家民族的重造问题，方不至于成为具文，为空话。五月又来了，一堆纪念日子中，使我们想起"以美育代宗教"学说的提倡者蔡孑民老先生对于国家重造的贡献。蔡老先生虽在战争中寂寞地死去了数年，他所主张的健康性，却至今犹未消失。这种主张如何来发扬光大，应当是我们的事情！

美，令人低首虔敬

沈从文

　　我发现在城市中活下来的我，生命俨然只淘剩一个空壳。正如一个荒凉的原野，一切在社会上具有商业价值的知识种子，或道德意义的观念种子，都不能生根发芽。个人的努力或他人的关心，都无结果。试仔细加以注意，这原野可发现一片水塘泽地，一些瘦小芦苇，一株半枯怪柳，一个死兽的骸骨，一只干田鼠。泽地角隅尚开着一丛丛小小白花紫花（抱春花），原野中唯一的春天。生命已被"时间""人事"剥蚀快尽了。天空中鸟也不再在这原野上飞过投个影子。生存俨然只是烦琐继续烦琐，什么都无意义。

　　百年后也许会有一个好事者，从我这个记载加以检举，判案似的说道："这个人在若干年前已充分表示厌世精神。"要那么说，就尽管说好了，这于我是不相干的。

　　事实上我并不厌世。人生实在是一本大书，内容复杂，分量沉重，值得翻到个人所能翻看到的最后一页，而且必需慢慢地翻。我只是翻得太快，看了些不许看的事迹。我得稍稍休息，缓一口气！我过于爱有生一切。爱与死为邻，我因此常常想到死。在有生中我发现了"美"，那本身形与线即代表一种最高的德性，使人乐于受它的统治，受它的处置。人的智慧无不由此影响而来。典雅词令与华美文学，与之相比都显得黯然无光，如细碎星点在朗月照耀下同样黯然无光。它或者是一个人，一件物，一种抽象符号的结集排比，令人都只想低首表示虔敬。阿拉伯人在沙漠中用嘴唇触地，表示皈依真主，情结和这种情形正复相同，意思是如此一来，虽不曾接近上帝真主，至少已接近上帝造物。

这种美或由上帝造物之手所产生，一片铜，一块石头，一把线，一组声音，其物虽小，可以见世界之大，并见世界之全。或即"造物"，最直接最简便那个"人"。流星闪电刹那即逝，即从此显示一种美丽的圣境，人亦相同。一微笑，一皱眉，无不同样可以显出那种圣境。一个人的手足眉发在此一闪即逝缥缈的印象中，即无不可以见出造物者之手艺无比精巧。凡知道用各种感觉捕捉住这种美丽神奇光影的，此光影在生命中即终生不灭。但丁、歌德、曹植、李煜，便是将这种光影用文字组成形式，保留的比较完整的几个人。这些人写成的作品虽各不相同，所得启示必中外古今如一，即一刹那间被美丽所照耀，所征服，所教育是也。

"如中毒，如受电，当之者必暗哑萎悴，动弹不得，失其所信所守。"美之所以为美，恰恰如此。

我好单独，或许正希望从单独中接近印象里未消失那一点美。温习过去，即依然能令人神智清明，灵魂放光，恢复情感中业已失去甚久之哀乐弹性。

……

第七章

读写的秘诀

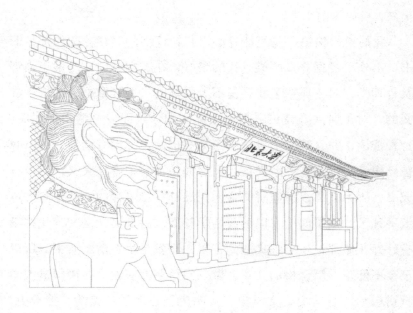

我的读书经验

蔡元培

我自十余岁起，就开始读书，读到现在，将满六十年了，中间除大病或其他特别原因外，几乎没有一日不读点书的，然而我也没有什么成就，这是读书不得法的缘故。我把不得法的概略写出来，可以为前车之鉴。

我的不得法第一是不能专心。我初读书的时候，读的都是旧书，不外乎考据辞章两类。我的嗜好，在考据方面，是偏于诂训及哲理的，对于典章名物，是不大耐烦的；在辞章上，是偏于散文的，对于骈文及诗词，是不大热心的。然而以一物不知为耻，种种都读，并且算学书也读，医学书也读，都没有读通。所以我曾经想编一部说文声系义证，又想编一本公羊春秋大义，都没有成书，所为文辞，不但骈文诗词，没有一首可存的，就是散文也太平凡了。到了四十岁以后我始学德文，后来又学法文，我都没有好好儿做那记生字练文法的苦工，而就是生吞活剥看书，所以至今不能写一篇合格的文章，做一回短期的演说。在德国进大学听讲以后，哲学史、文学史、文明史、心理学、美学、美术史、民族学统统去听，那时候这几类的参考书，也就乱读起来了。后来虽勉自收缩，以美学与美术史为主，辅以民族学，然而他类的书终不能割爱，所以想译一本美学，想编一部比较的民族学，也都没有成书。

我的不得法，第二是不能动笔。我的读书，本来抱一种利己主义，就是书里面的短处，我不大去搜寻它，我正注意于我所认为有用的或可爱的材料。这本来不算坏，但是我的坏处，就是我虽读的时候注意于这几点，但往往为速读起见，无暇把这几点摘抄出来，或在书上做一点特别的记号，若是有时候想起来，除了德文书检目特详，尚易检寻外，其他的书，几乎不容易寻到了。我国现虽有人编"索引""引得"等等，专门的辞典也逐渐增加，寻检自然较易，但各人有各自的注意点，普通的检目，断不能如自己记别的方便。我尝见胡适之先生有一个时期，出门时常常携一两本线装书，在舟车上或其他忙里偷闲时翻阅，见到有用的材料，就折角或以铅笔作记号。我想他回家后或者尚有摘抄的手续。我记得有一部笔记，说王渔洋读书时，遇有新隽的典故或词句，就用纸条抄出，贴在书斋壁上，时时览读，熟了就揭去，换上新得的，所以他记得很多。这虽是文学上的把戏，但科学上何尝不可以仿作呢？我因从来懒得动笔，所以没有成就。

我的读书的短处，我已经经验了许多的不方便，特地写出来，望读者鉴于我的短处，第一能专心，第二能动笔，这一定有许多成效。

读书杂谈

鲁迅

因为知用中学的先生们希望我来演讲一回，所以今天到这里和诸君相见，不过我也没有什么东西可讲。忽而想到学校是读书的所在，就随便谈谈读书。是我个人的意见，姑且供诸君参考，其实也算不得什么演讲。

说到读书，似乎是很明白的事，只要拿书来读就是了，但是并不这样简单。至少，就有两种：一是职业的读书，一是嗜好的读书。

所谓职业的读书者，譬如学生因为升学，教员因为要讲功课，不翻翻书，就有些危险的就是。我想在座的诸君之中一定有些这样的经验，有的不喜欢算学，有的不喜欢博物，然而不得不学，否则不能毕业，不能升学，对将来的生计便有妨碍了。我自己也这样，因为做教员，有时即非看不喜欢看的书不可，要不这样，怕不久便会于饭碗有妨。我们习惯了，一说起读书，就觉得是高尚的事情，其实这样的读书，和木匠的磨斧头，裁缝的理针线并没有什么分别，并不见得高尚，有时还很苦痛，很可怜。你爱做的事，偏不给你做，你不爱做的，倒非做不可。这是由于职业和嗜好不能合一而来的。倘能够大家去做爱做的事，而仍然各有饭吃，那是多么幸福。但现在的社会还做不到，所以读书的人们的最大部分，大概是勉勉强强的，带着苦痛的为职业的读书。

现在再讲嗜好的读书吧。那是出于自愿，全不勉强，离开了利害关系的。——我想，嗜好的读书，该如爱打牌的一样，天天打，夜夜打，连续地去打，有时被公安局捉去了，放出来之后还是打。诸君要知道真打牌的人的目的并不在赢钱，而在有趣，牌有怎样的有趣呢，我是外行，不大明白。但听得爱赌的人说，它妙在一张一张地摸起来，永远变化无穷。我想，凡嗜好的读书，能够手不释卷的原因也就是这样，他在每一页每一页里，都得着深厚的趣味。自然，也可以扩大精神，增加知识的。但这些倒都不计及，一计及，便等于意在赢钱的博徒了，这在博徒之中，也算是下品。

不过我的意思，并非说诸君应该都退了学，去看自己喜欢看的书去，这样的时候还没有到来；也许始终不会到，至多，将来可以设法使人们对于非做不可的事发生较多的兴味罢了。我现在是说，爱看书的青年，大可以看看本分以外的书，即课外的书，不要只将课内的书抱住。但请不要误解，我并非说，譬如在国文讲堂上，应该在抽屉里暗看《红楼梦》之类；乃是说，应做的功课已完而有余暇，大可以看看各样的书，即使和本业毫不相干的，也要泛览。譬如学理科的，偏看看文学书，学文学的，偏看看科学书，看看别个在那里研究的，究竟是怎么一回事。这样子，对于别人、别事，可以有更深的了解。现在中国有一个大毛病，就是人们大概以为自己所学的一门是最好、最妙、最要紧的学问，而别的都无用，都不足道的，弄这些不足道的东西的人，将来该当饿死。其实是，世界还没有如此简单，学问都各有用处，要定什么是头等还很难。也幸而有各式各样的人，假如世界上全是文学家，到处所讲的不是"文学的分类"便是"诗之构造"，那倒反而无聊得很了。

不过以上所说的，是附带而得的效果，嗜好的读书，本人自然并不计及那些，就如游公园似的，随随便便去，因为随随便便，所以不吃力，因为不吃力，所以会觉得有趣。如果一本书拿到手，就满心想道，"我在读书了！""我在用功了！"那就容易疲劳，因而减掉兴味，或者变成苦事了。

我看现在的青年，为兴趣读书的是有的，我也常常遇到各样的询问。此刻就将我所想到的说一点，但是只限于文学方面，因为我不明白其他的。

第一，是往往分不清文学和文章。甚至于已经来动手作批评文章的，也免不了这毛病。其实粗粗地说，这是容易分别的。研究文章的历史或理论的，是文学家，是学者；作作诗，或戏曲小说的，是作文章的人，就是古时候所谓文人，此刻所谓创作家。创作家不妨毫不理会文学史或理论，文学家也不妨作作不出一句诗。然而中国社会上还很误解，你做几篇小说，便以为你一定懂得小说概论，作几句新诗，就要你讲诗之原理。我也常见想作小说的青年，先买小说法程和文学史来看。据我看来，是即使将这些书看烂了，和创作也没有什么关系的。

事实上，现在有几个作文章的人，有时也确去做教授。但这是因为中国创作不值钱，养不活自己的缘故。听说美国小说家的一篇中篇小说，时价是两千美金；中国呢，别人我不知道，我自己的短篇寄给大书铺，每篇卖过20元。当然要寻别的事，例如教书，讲文学。研究是要用理智，要冷静的，而创作须情感，至少总得发点热，于是忽冷忽热，弄得头昏，——这也是职业和嗜好不能合一的苦处。苦倒也罢了，结果还是什么都弄不好，那证据，是试翻世界文学史，那里面的人，几乎没有兼做教授的。

还有一种坏处，是一做教员，未免有顾忌；教授有教授的架子，不能畅所欲言。这或者有人要反驳：那么，你畅所欲言就是了，何必如此小心。然而这是事前的风凉话，一到有事，不知不觉地他也要从众来攻击的。而教授自身，纵使自以为怎样放达，下意识里总不免有架子在。所以在外国，称这"教授小说"的东西倒并不少，但是不大有人说好，至少，是总难免有令人发烦的炫学的地方。所以我想，研究文学是一件事，做文章又是一件事。

第二，我常被询问：要弄文学，应该看什么书？这实在是一个极难回答的问题。先前也曾有几位先生给青年开过一大篇书目。但从我看来，这是没有什么用处的，因为我觉得那都是开书目的先生自己想要看或者未必想要看的书目。我以为倘要弄旧的呢，倒不如姑且靠着张之洞的《书目答问》去摸门径去。倘是新的，研究文学，则自己先看看各种的小本子，如本间久雄的《新文学概论》，厨川白村的《苦闷的象征》，瓦浪斯基们的《苏俄的文艺论战》之类，然后自己再想想，再博览下去。因为文学的理论不像算学，二二一定得四，所以议论很分歧。如第三种，便是俄国的两派的争论，——我附带说一句，近来听说连俄国的小说也不大有人看了，似乎一看见"俄"字就吃惊，其实苏俄的新创作何尝有人介绍，此刻译出的几本，都是革命前的作品，作者在那边都已经被看作反革命的了。倘要看看文艺作品呢，则先看几种名家的选本，从中觉得谁的作品自己最爱看，然后再看这一个作者的专集，然后再从文学史上看看他在史上的位置；倘要知道得更详细，就看一两本这人的传记，那便可以大略了解了。如果专是请教别人，则各人的嗜好不同，总是格不相入的。

第三，说几句关于批评的事。现在因为出版物太多了。——其实有什么呢，而读者因为不胜其纷纭，便渴望批评，于是批评家也便应运而生。批评这东西，对于读者，至少对于和这批评家趣旨相近的读者，是有用的。但中国现在，似乎应该暂作别论。往往有人误以为批评家对于创作是操生杀之权，占文坛的最高位的，就忽而变成批评家，他的灵魂上挂了刀。但是怕自己的立论不周密，便主张主观，有时怕自己的观察别人不看重，又主张客观；有时说自己的作文根底全是同情，有时将校对者骂得一文不值。凡中国的批评文字，我总是越看越糊涂，如果当真，就要无路可走。印度人是早知道的，有一个很普通的比喻。他们说：一个老翁和一个孩子用一匹驴子驮着货物去出卖，货卖去了，孩子骑驴回来，老翁跟着走。但路人责备他了，说是不晓事，叫老年人徒步。他们便换了一个地位，而旁人又说老人狠心；老人忙将孩子抱到鞍鞒上，后来看见的人却说他们残酷；于是都下来，走了不久，可又有人笑他们了，说他们是呆子，空着现成的驴子却不骑。于是老人对孩子叹息道，我们只剩了一个办法了，是我们两人抬着驴子走。无论读，无论做，倘若旁征博引，结果是往往会弄到抬驴子走的。

不过我并非要大家不看批评，不过说看了之后，仍要看看本书，自己思索，自己做主。看别的书也一样，仍要自己思索，自己观察。倘只看书，便变成书橱，即使自己觉得有趣，而那趣味其实是已在逐渐硬化，逐渐死去了。我先前反对青年躲进研究室，也就是这意思，至今有些学者，还将这话算作我的一条罪状哩。

听说英国的培那特萧（Bernard Shaw），有过这样意思的话：世间最不行的是读书者。因为他只能看别人的思想艺术，不用自己。这也就是勖本华尔（Schopenhauer）之所谓脑子里给别人跑马。较好的是思索者。因为能用自己的生活力了，但还不免是空想，所以更好的是观察者，他用自己的眼睛去读世间这一部活书。

这是的确的，实地经验总比看、听、空想确凿。我先前吃过干荔枝，罐头荔枝，陈年荔枝，并且由这些推想过新鲜的好荔枝。这回吃过了，和我所猜想的不同，非到广东来吃就永不会知道。但我对于萧的所说，还要加一点骑墙的议论。萧是爱尔兰人，立论也不免有些偏激的。我以为假如从广东乡下找一个没有历练的人，叫他从上海到北京或者什么地方，然后问他观察所得，我恐怕是很有限的，因为他没有练习过观察力。所以要观察，还是先要经过思索和读书。

总之，我的意思是很简单的：我们自动的读书，即嗜好的读书，请教别人是大抵无用，只好先行泛览，然后抉择而入于自己所爱的较专的一个或几门；但专读书也有弊病，所以必须和现实社会接触，使所读的书活起来。

我怎么做起小说来

鲁迅

我怎么做起小说来？——这来由，已经在《呐喊》的序文上，约略说过了。这里还应该补叙一点的，是当我留心文学的时候，情形和现在很不同：在中国，小说不算文学，作小说的也绝不能称为文学家，所以并没有人想在这一条道路上出世。我也并没有要将小说抬进"文苑"里的意思，不过想利用它的力量，来改良社会。

但也不是自己想创作，注重的倒是在介绍，在翻译，而尤其注重于短篇，特别是被压迫的民族中的作者的作品。因为那时正盛行着排满论，有些青年，都引那叫喊和反抗的作者为同调的。所以"小说作法"之类，我一部都没有看过，看短篇小说却不少，小半是自己也爱看，大半则因了搜寻介绍的材料。也看文学史和批评，这是因为想知道作者的为人和思想，以便决定应否介绍给中国。和学问之类，是绝不相干的。

因为所求的作品是叫喊和反抗，势必至于倾向了东欧，因此所看的俄国、波兰以及巴尔干诸小国作家的东西就特别多。也曾热心的搜求印度、埃及的作品，但是得不到。记得当时最爱看的作者，是俄国的果戈理（N. Gogol）和波兰的显克微支（H. Sienkiewicz）。日本的，是夏目漱石和森鸥外。

　　回国以后，就办学校，再没有看小说的工夫了，这样的有五六年。为什么又开手了呢？——这也已经写在《呐喊》的序文里，不必说了。但我的来作小说，也并非自以为有作小说的才能，只因为那时是住在北京的会馆里的，要作论文吧，没有参考书，要翻译吧，没有底本，就只好作一点小说模样的东西塞责，这就是《狂人日记》。大约所仰仗的全在先前看过的百来篇外国作品和一点医学上的知识，此外的准备，一点也没有。

　　但是《新青年》的编辑者，却一回一回地来催，催几回，我就做一篇，这里我必得纪念陈独秀先生，他是催促我作小说最着力的一个。

　　自然，作起小说来，总不免自己有些主见的。例如，说到"为什么"作小说吧，我仍抱着十多年前的"启蒙主义"，以为必须是"为人生"，而且要改良这人生。我深恶先前的称小说为"闲书"，而且将"为艺术的艺术"，看作不过是"消闲"的新式的别号。所以我的取材，多采自病态社会的不幸的人们中，意思是在揭出病苦，引起疗救的注意。所以我力避行文的唠叨，只要觉得够将意思传给别人了，就宁可什么陪衬拖带也没有。中国旧戏上，没有背景，新年卖给孩子看的花纸上，只有主要的几个人（但现在的花纸却多有背景了），我深信对于我的目的，这方法是适宜的，所以我不去描写风月，对话也绝不说到一大篇。

　　我作完之后，总要看两遍，自己觉得拗口的，就增删几个字，一定要它读得顺口；没有相宜的白话，宁可引古语，希望总有人会懂，只有自己懂得或连自己也不懂的生造出来的字句，是不大用的。这一节，许多批评家之中，只有一个人看出来了，但他称我为 Stylist（编者按：英语，意为文体家）。

　　所写的事迹，大抵有一点见过或听到过的缘由，但绝不全用这事实，只是采取一端，加以改造，或生发开去，到足以几乎完全发表我的意思为止。人物的模特儿也一样，没有专用过一个人，往往嘴在浙江，脸在北京，衣服在山西，是一个拼凑起来的角色。有人说，我的那一篇是骂谁，某一篇又是骂谁，那是完全胡说的。

　　不过这样的写法，有一种困难，就是令人难以放下笔。一气写下去，这人物就逐渐活动起来，尽了他的任务。但倘有什么分心的事情来一打岔，放下许久之后再来写，性格也许就变了样，情景也会和先前所预想的不同起来。例如我作的《不周山》，原意是在描写性的发动和创造，以至衰亡的，而中途去看报章，见了一位道学的批评家攻击情诗的文章，心里很不以为然，于是小说里就有一个小人物跑到女娲的两腿之间来，不但不必有，且将结构的宏大毁坏了。但这些处所，除了自己，大概没有人会觉到的，我们的批评大家成仿吾先生，还说这一篇作得最出色。

　　我想，如果专用一个人作骨干，就可以没有这弊病的，但自己没有试验过。忘记是谁说的了，总之是，要极省俭地画出一个人的特点，最好是画他的眼睛。我以为这话是极对的，倘若画了全副的头发，即使细得逼真，也毫无意思。我常在学学这一种方法，可惜学不好。

　　可省的处所，我决不硬添，做不出的时候，我也决不硬做，但这是因为我那时别有收入，不靠卖文为活的缘故，不能作为通例的。

　　还有一层，是我每当写作，一律抹杀各种的批评。因为那时中国的创作界固然幼稚，批评界更幼稚，不是举之上天，就是按之入地，倘将这些放在眼里，就要自命不凡，或觉得非自杀不足以谢天下的。批评必须坏处说坏，好处说好，才于作者有益。

但我常看外国的批评文章，因为他于我没有恩怨嫉恨，虽然所评的是别人的作品，却很有可以借镜之处。但自然，我也同时一定留心这批评家的派别。

以上，是十年前的事了，此后并无所作，也没有长进，编辑先生要我做一点这类的文章，怎么能呢。拉杂写来，不过如此而已。

读书的习惯重于方法

胡适

读书会进行的步骤，也可以说是采取的方式大概不外三种：

第一种是大家共同选定一本书本读，然后互相交换自己的心得及感想。

第二种是由下往上的自动方式，就是先由会员共同选定某一个专题，限定范围，再由指导者按此范围拟定详细节目，指定参考书籍。每人须于一定期限内作成报告。

第三种是先由导师拟定许多题目，再由各会员任意选定，研究完毕后写成报告。

至于读书的方法我已经讲了十多年，不过在目前我觉到读书全凭先养成好读书的习惯。读书无捷径，是没有什么简便省力的方法可言的。

读书的习惯可分为三点：一是勤，二是慎，三是谦。

勤苦耐劳是成功的基础，做学问更不能欺己欺人，所以非勤不可。其次谨慎小心也是很重要的，清代的汉学家著名的如高邮王氏父子、段茂堂等的成功，都是遇事不肯轻易放过，旁人看不见的自己便可看见了。如今的放大几千万倍的显微镜，也不过想把从前看不见的东西现在都看见罢了。谦就是态度的谦虚，自己万不可先存一点成见，总要不分地域门户，一概虚心地加以考察后，再决定取舍。这三点都是很要紧的。

其次还有个买书的习惯也是必要的，闲时可多往书摊上逛逛，无论什么书都要去摸一摸，你的兴趣就是凭你伸手乱摸后才知道的。图书馆里虽有许多的书供你参考，然而这是不够的。因为你想往上圈画一下都不能，更不能随便地批写。所以至少像对于自己所学的有关的几本必备书籍，无论如何，就是少买一双皮鞋，这些书是非买不可的。

青年人要读书，不必先谈方法，要紧的是先养成好读书、好买书的习惯。

从我怎样学国文说起

朱光潜

　　我学国文，走过许多迂回的路，受过极旧的和极新的影响。如果用自然科学家解剖形态和穷究发展的方法将这过程作一番检讨，倒是一件很有趣的事情。

　　我在十五岁左右才进小学，以前所受的都是私塾教育。从六岁起读书，一直到进小学，我没有从过师，我的唯一的老师就是我的父亲。我的祖父做得很好的八股文，父亲处在八股文和经义策论交替的时代。他们读什么书，也就希望我读什么书。应付科举的一套家当委实可怜，四书、五经、纲鉴、《唐宋八大家文选》《古唐诗选》之外就几乎全是闱墨制义。五经之中，我幼时全读的是《书经》《左传》。《诗经》我没有正式地读。家塾里有人常在读，我听了多遍，就能成诵大半。于今我记得最熟的经书，除《论语》外，就是听会的一套《诗经》。我因此想到韵文入人之深，同时，读书用目有时不如用耳。私塾的读书程序是先背诵后讲解。在"开讲"时，我能了解的很少，可是熟读成诵，一句一句地在舌头上滚将下去，还拉一点腔调，在儿童时却是一件乐事。这早年读经的教育我也曾跟着旁人咒骂过，平心而论，其中也不完全无道理。我现在所记得的书大半还是儿时背诵过的，当时虽不甚了了，现在回忆起来，不断地有新领悟，其中意味确是深长。

　　父亲有些受过学校教育的朋友，教我的方法多少受了新潮流的影响。我"动笔"时，他没有教我做破题起讲，只教我做日记。他先告诉我日间某事可记，并且指出怎样记法，记好了，他随看随改，随时讲给我听。有一次我还记得很清楚，宅旁发现一个古墓，掘出两个瓦瓶，父亲和伯父断定它们是汉朝的古物（他们的考古知识我无从保证），把它们洗干净，供在香炉前的条几上，两人磋商了一整天，做了一篇"古文"的记，用红纸楷书恭写，贴在瓶子上面。伯父提议让我也写一篇，父亲说："他！他还早呢。"言下大有鄙夷之意。我当时对于文字起了一种神秘意识，仿佛此事非同小可，同时也渴望有一天能够得上记古瓶。

　　日记能记到一两百字时，父亲就开始教我做策论经义。当时科举已废除，他还传给我这一套应付科举的把戏，无非是"率由旧章"，以为读书人原就应该弄这一套。现在的读者恐怕对这些名目已很茫然，似有略加解释的必要。所谓"经义"是在经书中挑一两句做题目，就抱着那题目发挥成一篇文章，例如题目是"知耻近乎勇"，你就说明知耻何以近乎勇，"耻"与"勇"须得一番解释，"近乎"两个字更大有文章可做。所谓"策"是在时事中挑一个问题，让你出一个主意，例如题目是"肃清匪患"，你就条陈几个办法，并且详述利弊，显出你有经邦济世的本领。所谓"论"就是议论是非长短，或是评衡人物，刘邦和项羽究竟哪一个高明，或是判断史事，孙权究竟该不该笼络曹操。做这几类文章，你都要说理，所说的尽管是歪理，只要能自圆其说，歪也无妨。翻案文章往往见得独出心裁。这类文章有它们的传统做法。开头要一个帽子，从广泛的大道理说起，逐渐引到本题，发挥一段意思，于是转到一个

"或者曰"式的相反的议论，把它驳倒，然后作一个结束。这就是所谓"起承转合"。这类文章没有什么文学价值，人人都知道。但是当作一种写作训练看，它也不是完全无用。在它的窄狭范围内，如果路走得不错，它可以启发思想，它的形式尽管是呆板，它究竟有一个形式。我从十岁左右起到二十岁左右止，前后至少有十年的光阴都费在这种议论文上面。这训练造成我的思想的定型，注定我的写作的命运。我写说理文很容易，有理我都可以说得出，很难说的理我能用很浅的话说出来。这不能不归功于幼年的训练。但是就全盘计算，我自知得不偿失。在应该发展想象的年龄，我的空洞的脑袋被歪曲到抽象的思想工作方面去，结果我的想象力变成极平凡，我把握不住一个有血有肉有光有热的世界，在旁人脑里成为活跃的戏景画境的，在我脑里都化为干枯冷酷的理。我写不出一篇过得去的描写文，就吃亏在这一点。

我自幼就很欢喜读书。家中可读的书很少，而且父亲向来不准我乱翻他的书箱。每逢他不在家，我就偷尝他的禁果。我翻出储同人评选的《史记》《战国策》《国语》《西汉文》之类，随便看了几篇，就觉得其中趣味无穷。本来我在读《左传》，可是当作正经功课读的《左传》文章虽好，却远不如自己偷着看的《史记》《战国策》那么引人入胜。像《项羽本纪》那种长文章，我很早就熟读成诵。王应麟的《困学纪闻》也有些地方使我很高兴。父亲没有教我读八股文，可是家里的书大半是八股文，单是祖父手抄的就有好几箱，到无书可读时，连这角落里我也钻了进去。坦白地说，我颇觉得八股文也有它的趣味。它的布置很匀称完整，首尾条理线索很分明，在窄狭范围与固定形式之中，翻来覆去，往往见出作者的匠心。我于今还记得一篇《止子路宿》，写得真惟妙惟肖，入情入理。八股文之外，我还看了一些七杂八拉的东西，试帖诗、《楹联丛话》《广治平略》《事类统论》《历代名臣言行录》《粤匪纪略》，以至于《验方新编》《麻衣相法》《太上感应篇》和牙牌起数用的词。家住在穷乡僻壤，买书甚难。距家二三十里地有一个牛王集，每年清明前后附近几县农人都到此买卖牛马。各种商人都来兜生意，省城书贾也来卖书籍文具。我有一个族兄每年都要到牛王集买一批书回来，他的回来对于我是一个盛典。我羡慕他有去牛王集的自由，尤其是有买书的自由。书买回来了，他很慷慨地借给我看。由于他的慷慨，我读到《饮冰室文集》。这部书对于我启示一个新天地，我开始向往"新学"，我开始为《意大利三杰传》的情绪所感动。作者那一种酣畅淋漓的文章对于那时的青年人真有极大的魔力，此后有好多年我是梁任公先生的热烈的崇拜者。有一次报纸误传他在上海被难，我这个素昧平生的小子在一个偏僻的乡村里为他伤心痛哭了一场。也就从饮冰室的启示，我开始对于小说戏剧发生兴趣。父亲向不准我看小说，家里除一套《三国演义》以外，也别无所有。但是《水浒传》《红楼梦》《琵琶记》《西厢记》几种我终于在族兄处借来偷看过。因为读这些书，我开始注意金圣叹，"才子""情种"之类观念开始在我脑里盘旋。总之，我幼时头脑所装下的书好比一个灰封尘积的荒货摊，大部分是废铜烂铁，中间也夹杂有几件较名贵的古董。由于这早年的习惯，我至今读书不能专心守一个范围，总爱东奔西窜，许多不同的东西令我同样感觉兴趣。

我在小学里只住了一学期就跳进中学。中学教育对于我较深的影响是"古文"训练。说来也很奇怪，我是桐城人，祖父和古文家吴挚甫先生有交谊，他所廪保的学生陈剑潭先生做古文也曾享一时盛名，可是我家里从没有染着一丝毫的古文派风气。科举囿人，于此可见一斑。进了中学，我才知道有桐城派古文这么一回事。那时候我的文字已粗精通，年纪在同班中算是很小，特别受国文教员们赏识。学校里做文章的风气确是很盛，考历史、地理可以做文章，考物理、化学也还可以做文章，所以我到处占便宜。教员们希望这小子可以接古文一线之传，鼓励我做，我越做也就越起劲。读品大半选自《古文辞类纂》和《经史百家杂钞》。各种体裁我大半都试作过。那时候我的模仿性很强，学欧阳修、归有光有时居然学得很像。学古文别无奥诀，只要熟读范作多篇，头脑里甚至筋肉里都浸润下那一套架子，那一套腔调，和那一套用字造句的姿态，等你下笔一摇，那些"骨力""神韵"就自然而然地来了，你就变成一个扶乩手，不由自主地动作起来。桐城派古文曾博得"谬种"的称呼。依我所知，这派文章大道理固然没有，大毛病也不见得很多。它的要求是谨严典雅，它忌讳浮词堆砌，它讲究声音节奏，它着重立言得体。古今中外的上品文章似乎都离不掉这几个条件。它的唯一毛病是就文言文，内容有时不免空洞，以至谨严到干枯，典雅到俗滥。这些都是流弊，作始者并不主张如此。

兴趣既偏向国文，在中学毕业后我就决定升大学入国文系。我很想进北京大学，因为路程远，花费多，家贫无力供给，只好就近进了武昌高等师范学校。在武昌待了一年光景，使我至今还留恋的只有洪山的红菜薹、蛇山的梅花和江边几条大街上的旧书肆。至于学校却使我大失所望，里面国文教员还远不如在中学教我的那些老师。那位地理名家系主任以冬烘学究而兼有海派学者的习气，走的全是左道旁门，一面在灵学会里扶乩请仙，一面在讲台上提倡孔教，讲书一味穿凿附会，黑水变成黑海，流沙便是非洲沙漠。另外还有一位教员讲《孟子》，在每章中都发现一个文章义法，章章不同，这章是"开门见山"，那章是"一针见血"，另一章又是"剥茧抽丝"。一团乌烟瘴气，弄得人啼笑皆非。我从此觉得一个人嫌恶文学上的低级趣味可以比嫌恶仇敌还更深入骨髓。我在武昌却并非毫无所得，我开始发现世间有那么多的书。其次，学校里有文字学一门功课，我规规矩矩地把段玉裁的《许氏说文解字注》从头看到尾，约略窥见清朝文学家们治学的方法。

塞翁失马，因祸可以得福。我到武昌是失着，但是我因此得到被遣送到香港大学的机会。这是我生平一个大转机。假若没有得到那个机会，说不定我现在还是冬烘学究。从那时到现在，二十余年之中，我虽没有完全丢开线装书，大部分工夫却花来学外国文，读外国书。这对于我学中国文，读中国书的影响很大，待下文再说。现在先说一个同样重要的事情，那就是"新文化运动"。大家都知道。这运动是对于传统的文化、伦理、政治、文学各方面的全面攻击。它的鼎盛期正当我在香港读书的年代。那时我是处在怎样一个局面呢？我是旧式教育培养起来的，脑里被旧式教育所灌输的那些固定观念全是新文化运动的攻击目标。好比一个商人，库里藏着多年辛苦积蓄起来的一大堆钞票，方自以为富足，一夜睡过来，满市人都宣传那些钞票全不能兑现，一文不值。你想我心服不心服？尤其是文言文要改成白话文一点于我更有切肤之痛。当时许多遗老遗少都和我处在同样的境遇。他们咒骂过，我也跟着咒骂过。《新青年》发表的吴敬斋的那封信虽不是我写的（天知道那是谁写的，我祝福他的在天之灵！），却大致能表现当时我的感情和情绪。但是我那时正开始研究西方学问。一点浅薄的科学训练使我看出新文化运动是必需的，经过一番剧烈的内心冲突，我终于受了它的洗礼。我放弃了古文，开始做白话文，最初好比放小脚，裹布虽扯开，走起路来始终有些不自在；后来小脚逐渐变成天足，用小脚曾走过路，改用天足特别显得轻快，发现从前小脚走路的训练功夫，也并不算完全白费。

文言白话之争到于今似乎还没有终结，我做过十五年左右的文言文，二十年左右的白话文，就个人经验来说，究竟哪一种比较好呢？把成见撇开，我可以说，文言和白话的分别并不如一般人所想象的那样大。第一，就写作的难易说，文章要做得好都很难，白话也并不比文言容易。第二，就流弊说，文言固然可以空洞俗滥板滞，白话也并非天生地可以免除这些毛病。第三，就表现力说，白话与文言各有所长，如果要写得简练，有含蓄，富于伸缩性，宜于用文言；如果要写得生动，直率，切合于现实生活，宜于用白话。这只是大体说，重要的关键在作者的技巧，两种不同的工具在有能力的作者的手里都可以运用自如。我并没有发现某种思想和感情只有文言可表现，或者只有白话可表现。第四，就写作技巧说，好文章的条件都是一样，第一是要有话说，第二要把话说得好。思想条理必须清楚，情致必须真切，境界必须新鲜，文字必须表现得恰到好处，谨严而生动，简朴不至枯涩，高华不至浮杂。文言文要好须如此，白话文要好也还须如此。话虽如此说，我大体上比较爱写白话。原因很简单，语文的重要功用是传达，传达是作者与读者中间的交际，必须作者说得痛快，读者听得痛快，传达才能收到最大的效果。为作者着想，文言和白话的分别固不大；为读者着想，白话却远比文言方便。不过这里我要补充一句：白话的定义很难下，如果它指大多数人日常所用的语言，它的字和词都太贫乏，决不够用。较好的白话文都不免要在文言里面借字借词，与日常流行的话语究竟有别。这就是说，白话没有和文言严密分家的可能。本来语文都有历史的赓续性，字与词有部分的新陈代谢，绝无全部的死亡。提倡白话文的人们欢喜说文言是死的，白话是活的。我以为这话语病很大，它使一般青年读者们误信只要会说话就会做文章，对于文字可以不研究，对于旧书可以一概不读，这是为白话文作茧自缚。白话文必须继承文言的遗产，才可以丰富，才可以着土生根。

因为有这个信念，我写白话文，不忌讳在文言中借字借词。我觉得文言文的训练对于写白话文还大有帮助。但是我极力避免用文言文的造句法，和文言文所习用的虚词如"之乎者也"之类。因为文言文有文言文的空气，白话文有白话文的空气，除借字借词之外，文白杂糅很难得和谐。俞平伯诸人的玩意只可聊备一格，不可以为训。

我对于白话文，除着接收文言文的遗产一个信念以外，还有另一个信念，就是它需要适宜程度的欧化。我从略通外国文学时就考虑怎样采取外国文学风格和文字组织的优点，来替中国文创造一种新风格和新组织。我写白话文，除得力于文言文的底子以外，从外国文字训练中也得到了不少的教训。头一点我要求合逻辑。一番话在未说以前，我必须把思想先弄清楚，自己先明白，才能让读者明白，糊里糊涂地混过去，表面堂皇铿锵，骨子里不知所云或是暗藏矛盾，这个毛病极易犯，我总是小心提防着它。我不敢说中国文人天生有这毛病，不过许多中国文人常犯这毛病却是事实。我知道提防它，是得力于外国文字的训练。我爱好法国人所推崇的明晰。第二点我要求合文法。文法本由习惯造成，各国语文都有它的习惯，就有它的文法。不过我们中国人对于文法向来不大研究，行文还求文从字顺，说话就不免随便。中国文法组织有两个显著的特点。第一是缺乏逻辑性，一句话可以无主词，"虽然""但是"可以连着用。其次缺乏弹性，单句易写，混合句与复合句不易写，西文中含有"关系代名词"的长句无法译成中文，可以为证。我写白话文，常尽量采用西文的文法和语句组织，虽然同时我也顾到中国文字的特性，不要文章露出生吞活剥的痕迹。第二点在造句布局上我很注意声音节奏。我要文字响亮而顺口，流畅而不单调。古文本来就很讲究这一点，不过古文的腔调必须哼才能见出，白话文的腔调哼不出来，必须念出来，所以古文的声音节奏很难应用在白话文里。近代西方文章大半是用白话文，所以它的声音节奏的技巧和道理很可以为我们借鉴。这中间奥妙甚多，粗略地说，字的平仄单复，句的长短骈散，以及它们的错综配合都须得推敲。这事很难，成就距理想总是很远。

我主张中文要有"适宜程度的"欧化，这就是说，欧化须有它的限度，它不应该和本国的文字的特性相差太远。有两种过度的欧化我颇不赞成。第一种是生吞活剥地模仿西文语言组织。这风气倡自鲁迅先生的直译主义。"我遇见他在街上走"变成"我遇见他走在街上"，"园里有一棵树"变成"那里有一棵树在园里"，如此等类的歪曲我以为不必要。第二种是堆砌形容词和形容句子，把一句话拖得冗长臃肿。这在西文里本不是优点，许多作者偏想在这上面卖弄风姿，要显出华丽丰富，他们不知道中文句子负不起那样重载。为了这个问题，我和一位朋友吵过几回嘴。我不反对文字的华丽，但是我不喜欢村妇施朱敷粉，以多为贵。

这牵涉到风格问题，"风格就是人格"。每个作者有他的特性，就有他的特殊风格。所以严格地说，风格不是可模仿的或普遍化的，每个作者如果在文学上能有特殊的成就，他必须成就一种他所独有的风格。但是话虽如此说，他在成就独有的风格的过程中，不能不受外来的影响。他所用的语言是大家所公用的，他所承受的精神遗产来源很久远，他与他的环境的接触影响到他的生活，就能影响到他的文章。他的风格的形成有他的特异点，也有他与许多人的共同点。如果把这共同点叫作类型，我们可以说，一时代的文学有它的类型的风格，一民族的文学也有它的类型的风格，这类型的风格对于个别作家的风格是一个基础。文学需要"学"，原因就在此。像其他人类活动一样，文艺离不开模仿，不模仿而能创造，那是无中生有，不可想象。许多作家的厄运在不学而求创造，也有许多作家的厄运在安心模仿而不求创造。安于模仿，类型的风格于是成为呆板形式，而模仿者只是拿这呆板形式来装腔作势，装腔作势与真正文艺毫无缘分。从历史看，一个类型的风格到了相当时期以后，常易变成呆板形式供人装腔作势，想要它重新具有生命，必须有很大的新的力量来震撼它、滋润它。这新的力量可以从过去另一时代来，如唐朝作家撇开六朝回到两汉，十九世纪欧洲浪漫派撇开假古典时代回到中世纪；也可从另一民族来，如六朝时代接受佛典，英国莎士比亚时代接受意大利的文艺复兴。从整个的中国文学史看，中国文学的类型的风格到了唐宋以后不断地在走下坡路，我们早已到了"文敝"的阶段，个别作家如果株守故辙，虽有大力也无能为力。西方文化的东流，是中国文学复苏的一个好机会。我们这一个时代的人所负的责任真重大，我们不应该错过这机会。我以为中国文的欧化将来必须逐渐扩大，由语句组织扩大到风格。这事很不容易，有文学天才的人不一定有时间与精力研究西方文学，有时间精力研究西方文学的人也不一定有文学天才。假如我有许多年轻作家的资禀，再加上丰富的生活经验，也许多少可以实现我的愿望。无如天注定了我资禀平凡，注定了我早年受做时文的教育，又注定了我奔波劳碌，不得一刻闲，一切愿望于是成为苦恼。

文学是人格的流露。一个文人先须是一个人，须有学问和经验所逐渐铸就的丰富的精神生活。有了这个基础，他让所见所闻所感所触借文字很本色地流露出来，不装腔，不作势，水到渠成，他就成就了他的独到的风格，世间也只有这种文字才算是上品文字。除着这个基点以外，如果还另有什么资禀使文人成为文人的话，依我想，那就只有两种敏感。一种是对于人生世相的敏感。事事物物的哀乐可以变成自己的哀乐，事事物物的奥妙可以变成自己的奥妙。"一花一世界，一草一精神。"有了这种境界，自然也就有同情，就有想象，就有彻悟。其次是对于语言文字的敏感。语言文字是流通到光滑污滥的货币，可是每个字在每一个地位有它的特殊价值，丝毫增损不得，丝毫搬动不得。许多人在这上面苟且敷衍，得过且过；对于语言文字有敏感的人便觉得这是一种罪过，发生嫌憎。只有这种人才能有所谓"艺术上的良心"，也只有这种人才能真正创造文学，欣赏文学。诗人济慈说："看一个好句如一个爱人。"在恋爱中除着恋爱以外，一切都无足轻重；在文艺活动中，除着字句的恰当选择与安排以外，也一切都无足轻重。在那一刻中（无论是恋爱或是创作文艺），全世界就只有我所经心的那一点真实，其余都是虚幻的。在这两种敏感之中，对于文人，更重要的是第二种。古今有许多哲人和神秘主义的宗教家不愿用文字泄露他们的敏感，像柏拉图所说的，他们宁愿在诗里过生活，不愿意写诗。世间也有许多匹夫匹妇在幸运的时会中偶然发现生死是一件沉痛的事，或是墙角一片阴影是一幅美妙的景象，可是他们无法用语言文字把心中的感触说出来，或是说得不是那么一回事。文人的本领不只在见得到，尤其在说得出。说得出，必须说得"恰到好处"，这需要对于语言文字的敏感。有这敏感，他才能找到恰好的字，给它一个恰好的安排。

　　人生世相的敏感和语言文字的敏感都大半是天生的，人力也可培养成几分。我在这两方面得之于天的异常稀薄，然而我对于人生世相有相当的了悟，运用语言文字也有相当的把握。虽然是自己达不到的境界，我有时也能欣赏，这大半是辛苦训练的结果。我从许多哲人和诗人方面借得一双眼睛看世界，有时能学屈原、杜甫的执着，有时能学庄周、列御寇的徜徉凌卢，莎士比亚教会我在悲痛中见出庄严，莫里哀教会我在乖讹丑陋中见出隽妙，陶潜和华兹华斯引我到自然的胜境，近代小说家引我到人心的曲径幽室。我能感伤也能冷静，能认真也能超脱。能应俗随时，也能潜藏非尘世的丘壑。文艺的珍贵的雨露浸润到我的灵魂至深处，我是一个再造过的人，创造主就是我自己。但是，天！我能再造自己，我不能把接收过来的世界再造成一世界。莪菲利雅问哈姆雷特读什么，他回答说："字，字，字！"我一生都在"字"上做功夫，到现在还只能用"字"来做这世界里面的日常交易，再造另一世界所需要的"字"常是没到手就滑了去。圣约翰说："太初有字，字和上帝在一起，字就是上帝。"我能了解字的权威，可是我常慑服在它的威权之下。原来它是和上帝在一起的。

读书并非为黄金

——我的不读书的经验

孙福熙 *

中国人太把"读书"看得严重,"书中自有黄金屋,书中自有千钟粟"的说法,先认读书为苦不可耐,于是用黄金利禄来引诱,就是"吃得苦中苦,方为人上人"的意思。

我不敢以读书人自居(虽然读书人的"书生气"的坏处依然是很多),我所能说的不是读书的经验,而是不读书的经验。

我三周岁以后就读书,读书这样早,完全因为我幼年时太活泼,毁坏了许多东西的缘故。一直到十二岁,全是旧式灌注的教育,除了识字的成绩以外,到现在是毫无益处。因为读书没有趣味的缘故,此后入学校,直至师范学校毕业为止,凡有书本的功课我都不大喜欢。所喜欢的是手工图画以及书本以外兼有实物的理化博物。再后则半工半读或者整日工作而夜间自己读书而已。

尤其是在法国的时候,因为经济的能力是不能读书的,所以,一方面分出时间去工作,一方面又节省读书应有的一切工具与方法,欲读书而不可得了。没有人教我法文,为了节省起见,不懂

---

* 孙福熙(1898—1962),字春苔,笔名丁一、春苔、寿明斋,浙江绍兴人。现代散文家、美术家。1919年,任北京大学图书馆管理员。

一句法文，就进美术学校学画去了。自己看看法文书，弄出许多的错误。为了这个缘故，我的一点知识，都与事实有关。例如法文中的"兰花"一字，是同学在公园中告我的，所以至今联想到这同学与公园，"延长"一字联想下雨与房东老太婆，因为并不是从读书得来，所以我没有什么字是可以联想书本的。

这该是很大的耻辱。

不但如此：许多人是先读了书，后来证之事实，惊叹古人深思明辨，于是豁然贯通地说一声："此诚所谓'学于古训，乃有获……监于先王成宪其永无愆'也。"而我则不然，我的肚皮里没有书，没有把有系统的书本知识作为辨别事理的根据，每遇到事物上有疑问，只得乱翻书本来求解答而已。

我以为，中国人把读书看得太苦亦太尊贵了，于是与世界事物脱离了关系。读书与散步、踢球、看电影、游山玩水并不冲突，而且是互有补益（大学生天天进跳舞场未必有益，但偶然去一次，未必带回满身的恶毒，这全在自己的处置如何耳）。

我觉得，一个法国人走进图书馆去，和简直走进戏院电影场去是一样的性质。星期或假日，不必工作的时候，法国人就要利用这一天时间，做有益身心之事。我不是说法国人愚笨，肯以读书苦事视为看戏看电影一样的快乐；我要说的是读书得法的时候，与戏剧电影之启发知识、涵养德行、陶冶情感的出之消遣性质者，完全是一样的。

中国的电影太受美国影响的缘故，游嬉的性质太多，学术的意味太少了。

反之，中国的读书，或者可以说，学术的意味太多，而引动

趣味太少，内容则平板陈腐，文字则枯燥生硬，虽有黄金利禄的
引诱，天下尽有未用读书作"敲门砖"而骗到了黄金与利禄者。
著书者与读书者的态度都可以改变一下。

读 书 的 意 义

俞平伯*

古人云，"读万卷书，行万里路"，这不仅有关联，是一桩事情的两种看法而已。游历者，活动的书本。读书则曰卧游，山川如指掌，古今如对面，乃广义的游览。现在，因交通工具的方便，走几万里路不算什么，读万卷书的日见其少了。当有种种的原因，最浅显的看法，是读书的动机、环境、空气无不缺乏。

讲到读书的真意义，于扩充知识以外兼可涵咏性情，修持道德，原不仅为功名富贵做敲门砖。即为功名富贵，依目下的情形，似乎不必定要读书，更无须借光圣经贤传，甚至于愈读书会愈穷，这无怪喜欢读书、懂得怎样读的人一天一天地减少了。读书空气的稀薄，读书种子的稀少，互为因果循环。

现在有一些人，你对他说身心性命则以为迂阔，对他说因果报应则以为荒谬，对他说风花雪月则以为无聊。不错，是迂阔，荒谬，无聊。你试问他，不迂阔，不荒谬，不无聊的是啥？他会有种种漂亮的说法。但你不可过于信他，他只是要钱而已。文言谓之好利。有一个故事，不见得靠得住，只可以算笑话。乾隆帝

---

* 俞平伯（1900—1990），浙江德清人。文史学家、红学专家、诗人。1919年毕业于北京大学文学院。曾加入北京大学新潮社，是新文学运动初期的重要一员。任北京大学教授，教授中国文学多年。著有《红楼梦研究》《读词偶得》等。

下江南，在金山寺登高，望见江中大大小小多多少少的船，戏问随銮的纪晓岚，共有几只。这原是难题，拿来开玩笑的，若回答说不知道，那未免煞风景。纪回答得好："臣只见两条船，一条为名，一条为利。"在那时，这故事讽刺世情已觉刻露，但现在看来，不免古色古香。意存忠厚，应该对答皇帝道，只有一条船。

好利之心压倒一切，非一朝一夕之故。古人说："不以利为利，以义为利也。"以义为利是遥远的古话。退一步说，以名为利。然名利双收，话虽好听，利必不大。唯有不恤声名地干，以利为利，始专而且厚。道德名誉的观念本多半从书本中来，不恤声名与不好读书亦有相互的关联。

在这一味好利的空气中寻求读书乐，岂不难于上青天，除非我们把两者混合。假如我们能够立一种制度，使天下之俊秀求官位利禄之途必出于读书，近乎从前科举的办法，这或者还有人肯下十载寒窗的苦功，严格说来，这已失却读书的真意义，何况这制度的确立还遥遥无期。

现在有一种情形，这十年以来，说得远一点，二三十年以来都如此，就是国文程度显著地低落，别字广泛地流行着，在各级学校任教的，人人皆知，人人皱眉头痛，认为不大好办的事情。这严重的光景，不仅象征着读书阶级的崩溃，并直接或间接影响到民族的前途，国家的发展。

文字教育好像不算得什么。文字原不过白纸上画黑道，一种形迹而已，但文化却寄托在这形迹上。我们常夸说神州立国几千年，华夏提封数万里，这种时空的超卓并不必由于天赋，实半出于人为，皆先民积久辛勤努力所致，我们应如何欢喜惭愧，却不可有恃无恐。方块字的完整、艰深、固定，虽似妨碍文化知识的普及，亦正于无形之中维护国家的统一与永久。从时间说，我们读古书如《论语》，觉得孔子孟子似乎不太远，而杜工部苏东坡的诗文呢，他们两位活像我们的老前辈，这是方块文字不易变动之力。假如当初完全用音标文字，那不必提周秦两汉，就是唐宋，也就很遥远而隔膜，我们通解先民的情思比较困难，而华夏国本亦因而动摇不定。再从空间说，北自满洲，南迄岭海，虽分南北中三部，细分还有更多的区域，然而中国始终只是一个，譬如说广东话与北京话完全两样，而纸上文字完全一致。我国屡经外夷侵略，或暂被征服，而于风雨飘摇中始终屹立不失者，上面已表过是先民血汗的成绩，而在民族的团结上，文字确也帮忙不少。历史事实俱在，不容易否认的。

所以文字教育的失败，表面上看只是读书种子稀少，一般国文水准低落而已，骨子里已损害民族国家的前途，自非好作危言耸人听闻，废书不读可谓今日之流行病。用功的人难道没有？即有少数的人好学潜修也不足挽回这颓风。即以学校教育而论，听讲的时间每多于自修，而自修课业，有如太史公所谓"好学深思心知其意"者能有几人？我不敢轻量天下之士，武断地说或者不多罢。如何使人安心向学，对读书感到兴味，似是小事，却是牵连社会生计问题，譬如饿着肚子读书当然不成的，更有关于教育考试铨叙各制度的改革。我们从事教育写作文字的固责无旁贷，但已不仅是个人努力的事，而成为民族复兴国运重光的大业之一了。

第八章

/

写给青少年

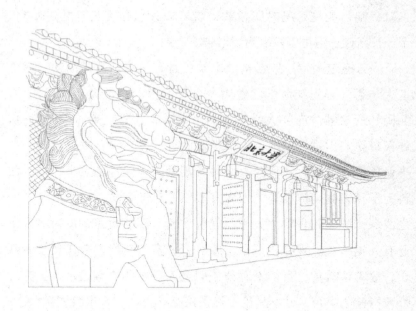

就任北京大学校长演说

（1917年1月9日）

蔡元培

　　五年前，严几道先生为本校校长时，余方服务教育部，开学日曾有所贡献于同校。诸君多自预科毕业而来，想必闻知。士别三日，刮目相见，况时阅数载，诸君较昔当必为长足之进步矣。予今长斯校，请更以三事为诸君告。

　　一曰抱定宗旨。诸君来此求学，必有一定宗旨，欲知宗旨之正大与否，必先知大学之性质。今人肄业专门学校，学成任事，此固势所必然。而在大学则不然，大学者，研究高深学问者也。外人每指摘本校之腐败，以求学于此者，皆有做官发财思想，故毕业预科者，多入法科，入文科者甚少，入理科者尤少，盖以法科为干禄之终南捷径也。因做官心热，对于教员，则不问其学问之浅深，惟问其官阶之大小。官阶大者，特别欢迎，盖为将来毕业有人提携也。现在我国精于政法者，多入政界，专任教授者甚少，故聘请教员，不得不聘请兼职之人，亦属不得已之举。究之外人指摘之当否，姑不具论，然弭谤莫如自修，人讥我腐败，（而我不腐败），问心无愧，于我何惧（损）？果欲达其做官发财之目的，则北京不少专门学校，入法科者尽可肄业于法律学堂，入商科者亦可投考商业学校，又何必来此大学？所以诸君须抱定宗旨，为求学而来。入法科者，非为做官；入商科者，非为致富。宗旨既定，自趋正轨，诸君肄业于此，或三年，或四年，时间不为不多，苟能爱惜光阴，孜孜求学，则其造诣，容有底止。若徒志在做官发财，宗旨既乖，趋向自异。平时则放荡冶游，考试则熟读讲义，不问学问之有无，惟争分数之多寡；试验既终，书籍束之高阁，毫不过问，敷衍三四年，潦草塞责，文凭到手，即可借此活动于社会，岂非与求学初衷大相背驰乎？光阴虚度，学问毫无，是自误也。且辛亥之役，吾人之所以革命，因清廷官吏之腐败。即在今日，吾人对于当轴多不满意，亦以其道德沦丧。今诸君苟不于此时植其基，勤其学，则将来万一因生计所迫，出而仕（任）事，但任讲席，则必贻误学生；置身政界，则必贻误国家。是误人也。误己误人，又岂本心所愿乎？故宗旨不可以不正大。此余所希望于诸君者一也。

二曰砥砺德行。方今风俗日偷，道德沦丧，北京社会，尤为恶劣，败德毁行之事，触目皆是，非根基深固，鲜不为流俗所染。诸君肄业大学，当能束身自爱。然国家之兴替，视风俗之厚薄。流俗如此，前途何堪设想。故必有卓绝之士，以身作则，力矫颓俗。诸君为大学学生，地位甚高，肩此重任，责无旁贷，故诸君不惟思所以感己，更必有以励人。苟德之不修，学之不讲，同乎流俗，合乎污世，己且为人轻侮，更何足以感人。然诸君终日伏首案前，芸芸（营营）攻苦，毫无娱乐之事，必感身体上之苦痛。为诸君计，莫如以正当之娱乐，易不正当之娱乐，庶于道德无亏，而于身体有益。诸君入分科时，曾填写愿书，遵守本校规则，苟中道而违之，岂非与原始之意相反乎？故品行不可以不严谨。此余所希望于诸君者二也。

三曰敬爱师友。教员之教授，职员之任务，皆以图诸君求学便利，诸君能无动于衷乎？自应以诚相待，敬礼有加。至于同学共处一室，尤应互相亲爱，庶可收切磋之效。不惟开诚布公，更宜道义相劝，盖同处此校，毁誉共之。同学中苟道德有亏，行有不正，为社会所訾詈，己虽规行矩步，亦莫能辨，此所以必互相劝勉也。余在德国，每至店肆购买物品，店主殷勤款待，付价接物，互相称谢，此虽小节，然亦交际所必需，常人如此，况堂堂大学生乎？对于师友之敬爱，此余所希望于诸君者三也。

余到校视事仅数日，校事多未详悉，兹所计划者二事：一曰改良讲义。诸君既研究高深学问，自与中学、高等不同，不惟恃教员讲授，尤赖一己潜修。以后所印讲义，只列纲要，细枝末节，以及精旨奥义，或讲师口授，或自行参考，以期学有心得，能裨实用。二曰添购书籍。本校图书馆书籍虽多，新出者甚少，苟不广为购办，必不足供学生之参考。刻拟筹集款项，多购新书，将来典籍满架，自可旁稽博采，无虞缺乏矣。今日所与诸君陈说者只此，以后会晤日长，随时再为商榷可也。

修 学

蔡元培

身体壮佼，仪容伟岸，可以为贤乎？未也。居室崇闳，被服锦绣，可以为美乎？未也。人而无知识，则不能有为，虽矜饰其表，而鄙陋龌龊之状，宁可掩乎？

知识与道德，有至密之关系。道德之名尚矣，要其归，则不外避恶而行善。苟无知识以辨善恶，则何以知恶之不当为，而善之当行乎？知善之当行而行之，知恶之不当为而不为，是之谓真道德。世之不忠不孝、无礼无义、纵情而亡身者，其人非必皆恶逆悖戾也，多由于知识不足，而不能辨别善恶故耳。

寻常道德，有寻常知识之人即能行之。其高尚者，非知识高尚之人不能行也。是以自昔立身行道，为百世师者，必在旷世超俗之人，如孔子是已。

知识者，人事之基本也。人事之种类至繁，而无一不有赖于知识。近世人文大开，风气日新，无论何等事业，其有待于知识也益殷。是以人无贵贱，未有可以不就学者。且知识所以高尚吾人之品格也，知识深远，则言行自然温雅而动人歆慕。盖是非之理，既已了然，则其发于言行者，自无所凝滞，所谓诚于中形于外也。彼知识不足者，目能睹日月，而不能见理义之光；有物质界之感触，而无精神界之欣合，有近忧而无远虑。胸襟之隘如是，其言行又乌能免于卑陋欤？

知识之启发也，必由修学。修学者，务博而精者也。自人文进化，而国家之贫富强弱，与其国民学问之深浅为比例。彼欧美诸国，所以日辟百里、虎视一世者，实由其国中硕学专家，以理学工学之知识，开殖产兴业之端，锲而不已，成此实效。是故文明国所恃以竞争者，非武力而智力也。方今海外各国，交际频繁，智力之竞争，日益激烈。为国民者，乌可不勇猛精进，旁求知识，以造就为国家有用之材乎？

修学之道有二：曰耐久，曰爱时。

锦绣所以饰身也，学术所以饰心也。锦绣之美，有时而敝；学术之益，终身享之，后世诵之，其可贵也如此。凡物愈贵，则得之愈难，曾学术之贵，而可以浅涉得之乎？是故修学者，不可以不耐久。

凡少年修学者，其始鲜或不勤，未几而惰气乘之，有不暇自省其功候之如何，而咨嗟于学业之难成者。岂知古今硕学，大抵抱非常之才，而又能精进不已，始克抵于大成，况在寻常之人，能不劳而获乎？而不能耐久者，乃欲以穷年莫殚之功，责效于旬日，见其未效，则中道而废，如弃敝屣然。如是，则虽薄技微能，为庸众所可跂者，亦且百涉而无一就，况于专门学艺，其理义之精深，范围之博大，非专心致志，不厌不倦，必不能窥其涯涘，而乃卤莽灭裂，欲一蹴而几之，不亦妄乎？

庄生有言：吾生也有涯，而知也无涯，夫以有涯之生，修无涯之学，固常苦不及矣。自非惜分寸光阴，不使稍縻于无益，鲜有能达其志者。故学者尤不可以不爱时。

少壮之时，于修学为宜，以其心气尚虚，成见不存也。及是时而勉之，所积之智，或其终身应用而有余。否则以有用之时间，养成放僻之习惯，虽中年悔悟，痛自策励，其所得盖亦仅矣。朱子有言曰："勿谓今日不学而有来日，勿谓今年不学而有来年，日月逝矣，岁不延吾，呜呼老矣，是谁之愆？"其言深切著明，凡少年不可不三复也。

时之不可不爱如此，是故人不特自爱其时，尤当为人爱时。尝有诟友终日，游谈不经，荒其职业，是谓盗时之贼，学者所宜戒也。

修学者，固在入塾就师，而尤以读书为有效。盖良师不易得，借令得之，而亲炙之时，自有际限，要不如书籍之惠我无穷也。

人文渐开，则书籍渐富，历代学者之著述，汗牛充栋，固非一人之财力所能尽致，而亦非一人之日力所能遍读，故不可不择其有益于我者而读之。读无益之书，与不读等，修学者宜致意焉。

凡修普通学者，宜以平日课程为本，而读书以助之，苟课程所受，研究未完，而漫焉多读杂书，虽则有所得，亦泛滥而无归宿。且课程以外之事，亦有先后之序，此则修专门学者，尤当注意。苟不自量其知识之程度，取高远之书而读之，以不知为知，沿讹袭谬，有损而无益，即有一知半解，沾沾自喜，而亦终身无会通之望矣。夫书无高卑，苟了彻其义，则虽至卑近者，亦自有无穷之兴味。否则徒震于高尚之名，而以不求甚解者读之，何益？行远自迩，登高自卑，读书之道，亦犹是也。未见之书，询于师友而抉择之，则自无不合程度之虑矣。

修学者得良师，得佳书，不患无进步矣。而又有资于朋友，休沐之日，同志相会，凡师训所未及者，书义之可疑者，各以所见，讨论而阐发之，其互相为益者甚大。有志于学者，其务择友哉。

学问之成立在信，而学问之进步则在疑。非善疑者，不能得真信也。读古人之书，闻师友之言，必内按诸心，求其所以然之故。或不所得，则辗转推求，必逮心知其意，毫无疑义而后已，是之谓真知识。若乃人云亦云，而无独得之见解，则虽博闻多识，犹书篋耳，无所谓知识也。至若预存成见，凡他人之说，不求其所以然，而一切与之反对，则又怀疑之过，殆不知学问为何物者。盖疑义者，学问之作用，非学问之目的也。

对于学生的希望

蔡元培

五四运动以来，全国学生界空气为之一变。许多新现象、新觉悟，都于五四以后发生，举其大者，共得四端。

一、自己尊重自己

吾国办学二十年，犹是从前的科举思想，熬上几个年头，得到文凭一纸，实是从前学生的普通目的。自己的成绩好不好，毕业后中用不中用，一概不问。平日荒嬉既多，一临考试，或抄袭课本，或打听题目，或请划范围，目的只图敷衍，骗到一张证书而已，全不打算自己要做一个什么样人，自己和人类社会有何关系。五四以前之学生情形，恐怕有大多数是这样的。

五四以后不同了。原来五四运动也是社会的各方面酝酿出来的，政治太腐败，社会太龌龊，学生天良未泯，便忍耐不住了。蓄之已久，迸发一朝，于是乎有五四运动。从前的社会很看不起学生，自有此运动，社会便重视学生了。学生亦顿然了解自己的责任，知道自己在人类社会占何种位置，因而觉得自身应该尊重，于现在及将来应如何打算，一变前此荒嬉暴弃的习惯，而发生一种向前进取，开拓自己命运的心。

二、化孤独为共同

"各人自扫门前雪，不管他人瓦上霜"，是中国古人的座右铭，也就是从前学生界的座右铭。从前的好学生，于自己以外，大半是一概不管，纯守一种独善其身的主义。五四运动而后，自己与社会发生了交涉，同学彼此间也常须互助，知道单是自己好，单是自己有学问有思想不行，如想做事真要成功，目的真要达到，非将学问思想推及于自己以外的人不可。于是同志之联络，平民之讲演，社会各方面之诱掖指导，均为最切要的事。化孤独的生活为共同的生活，实是五四以后学生界的一个新觉悟。

三、对自己学问能力的切实了解

从前的学生，对于自己的学问有用无用，自己的能力哪处是长，哪处是短，简直不甚了解，不及自觉。五四以后，自己经过了种种困难，于组织上、协同上、应付上，以自己的学问和能力向新旧社会做了一番试验，顿然觉悟到自己学问不够，能力有限。于是一改从前滞钝昏沉的习惯，变为随时留心、遇事注意的习惯了，家庭啦，社会啦，国家啦，世界啦，都变为充实自己学问、发展自己能力的材料。这种新觉悟，也是五四以后才有的。

四、有计划地运动

从前的学生，大半是没有主义的，也没有什么运动。五四以后，又经过各种失败，乃知集合多数人做事，是很不容易的，如何才可以不致失败，如何才可以得到各方面的同情，如何组织，如何计划，均非事先筹度不行。又知群众运动在某种时候虽属必要，但绝不可轻动，不合时机，不经组织，没有计划的运动，必然做不成功。这种觉悟，也是到五四以后才有的。于此分五端进行：

（一）自动的求学

在学校不能单靠教科书和教习，讲堂功课固然要紧，自动自习，随时注意自己发现求学的门径和学问的兴趣，更为要紧。

（二）自己管理自己的行为

学生对于社会，已经处于指导的地位。故自己的行为，必应好生管理。有些学生不喜教职员管理，自己却一意放纵，做出种种坏行。我意不要人家管理，能够自治，是好的；不要管理，自便放纵，是不好的。管理规则、教室规则等，可以不要，但要能够自守秩序。总要办到不要规则而其收效仍如有规则时或且过之才好，平民主义不是不守秩序，罗素是主张自由最力的人，也说自由与秩序并不相妨。我意最好由学生自定规则，自己遵守。

（三）平等及劳动观念

朋友某君和我说："学生倡言要与教职员平等，但其使令工役，横眼厉色，又俨然以主人自居，以奴隶待人。"我友之言，系指从前的学生，我意学生先要与工役及其他知识低于自己的人讲求平等，然后遇教职员之以不平等待己者，可以不答应他。近人盛倡勤工俭学，主张一边读书，一边做工。我意校中工作，可以学生自为。终日读书，于卫生上也有妨碍。凡吃饭不做事专门暴殄天物的人，是吾们所最反对的。脱尔斯太主张泛劳动主义，他自制衣履，自作农工，反对太严格的分工，吾愿学生于此加以注意。

（四）注意美的享乐

近来学生多有为麻雀、扑克或阅恶劣小说等不正当之消遣，此固原因于其人之不悦学，尤以社会及学校无正当之消遣为主要原因。甚有生趣索然，意兴无聊，因而自杀者。所以吾人急应提倡美育，使人生美化，使人的性灵寄托于美，而将忧患忘却。于学校中可实现者，如音乐、图画、旅行、游戏、演剧等，均可去做，以之代替不好的消遣。但切不要拘泥，只随人意兴所到，适情便可。如音乐一项，笛子、胡琴都可。大家看看文学书，唱唱诗歌，也可以悦性怡情。单独没有兴会，总要有几个人以上共同享乐，学校中要常有此种娱乐的组织。有此种组织，感情可以调和，同学间不好的意见和争执，也要少些了。人是感情的动物，感情要好好涵养之，使活泼而得生趣。

（五）社会服务

社会一般的知识程度不进，各种事业的设施，均感痛苦。五四以来，学生多组织平民学校，教失学的人以普通知识及职业，是一件极好的事。吾见北京每一校有二三百人者，有千人者，甚可乐观。国家办教育，人才与财力均难，平民学校不费特别的人才与财力，而可大收教育之效，故是一件很好的事。又有平民讲演，用讲演的形式与平民以知识，也是一件好事。又调查社会情形，甚为要紧。吾国没有统计，以致诸事无从根据计划，要讲平民主义，要有真正的群众运动，宜从各种细小的调查做起。此次北方旱灾，受饥之民，至三千多万。赈灾筹款，需求引起各方的同情，北京学生联合会乃思得一法，即调查各地灾状，用文字或照片描绘各种灾情，发表出来，借以引起同情。吾出京时，正值学生分组出发，十人一组。即此一宗，可见调查之关系重要。

北大之精神

——北大25周年校庆演说

蒋梦麟

本校屡经风潮，至今犹能巍然独存，绝非偶然之事。这几年来，我们全校一致的奋斗，已不止一次了。当在奋斗的时候，危险万状，本校命运有朝不保夕之势；到底每一次的奋斗，本校终得胜利，这是什么缘故呢？

第一，本校具有大度包容的精神。俗语说："宰相肚里好撑船"，这是说一个人能容，才可以做总握万机的宰相。若是气度狭窄，容不了各种的人，就不配当这样的大位。凡历史上雍容有度的名相，无论经过何种的大难，未有不能巍然独存的。千百年后，反对者、讥议者的遗骨已经变成灰土；而名相的声誉犹照耀千古，"时愈久而名愈彰"。

个人如此，机关亦如此。凡一个机关只能容一派的人、或一种思想的，到底必因环境变迁而死。即使苟延残喘，窄而陋的学术机关，于社会绝无甚贡献。虽不死，犹和死了的一般。

本校自蔡先生长校以来，七八年间这个"容"字，已在本校的肥土之中，根深蒂固了。故本校内各派别均能互相容受。平时于讲堂之内、会议席之上，作剧烈的辩驳和争论，一到患难的时候，便共力合作。这是已屡经试验的了。

　　但容量无止境，我们当继续不断地向"容"字一方面努力。"宰相肚里好撑船"。本校"肚里"要好驶飞艇才好！

　　第二，本校具有思想自由的精神。人类有一个弱点，就是对于思想自由，发露他是一个小胆鬼。思想些许越出本身日常习惯范围以外，一般人们恐慌起来，好像不会撑船的人，越了平时习惯的途径一样。但这个思想上的小胆鬼，被本校渐渐儿的压服了。本校是不怕越出人类本身日常习惯范围以外去运用思想的。虽然我们自己有时还觉得有许多束缚，而一般社会已送了我们一个洪水猛兽的徽号。

　　本校里面，各种思想能自由发展，不受一种统一思想所压迫，故各种思想虽平时互相歧异，到了有某种思想受外部压迫时，就共同来御外侮。引外力以排除异己，是本校所不为的。故本校虽处恶劣政治环境之内，尚能安然无恙。

　　我们有了这两种的特点，因此而产生两种缺点。能容则择宽而纪律弛；思想自由，则个性发达而群治弛。故此后本校当于相当范围以内，整饬纪律，发展群治，以补本校之不足。

少年中国之精神

胡适

前番太炎先生谈话里面说现在青年的四种弱点，都是很可使我们反省的，他的意思是要我们少年人：一、不要把事情看得太容易了；二、不要妄想凭借已成的势力；三、不要虚慕文明；四、不要好高骛远。这四条都是消极的忠告。我现在且从积极一方面提出几个观念，和各位同志商酌。

一、少年中国的逻辑

逻辑即是思想、辩论、办事的方法：一般中国人现在最缺乏的就是一种正当的方法；因为方法缺乏，所以有下列的几种现象：

（一）灵异鬼怪的迷信，如上海的盛德坛及各地的各种迷信；

（二）谩骂无理的议论；

（三）用"诗云子曰"作根据的议论；

（四）把西洋古人当作无上真理的议论；还有一种平常人不很注意的怪状，我且称他为"目的热"。"目的热"就是迷信一些空虚的大话，认为高尚的目的，全不问这种观念的意义究竟如何。今天有人说"我主张统一和平"，大家齐声喝彩，就请他做内阁总理；明天又有人说"我主张和平统一"，大家又齐声叫好，就举他做大总统；此外还有什么"爱国"哪，"护法"哪，"孔教"哪，

"卫道"哪……许多空虚的名词，意义不曾确定，也都有许多人随声附和，认为天经地义，这便是我所说的"目的热"。以上所说各种现象都是缺乏方法的表示。我们既然自认为"少年中国"，不可不有一种新方法；这种新方法，应该是科学的方法；科学方法，不是我在这短促时间里所能详细讨论的，我且略说科学方法的要点：

第一注重事实。科学方法是用事实作起点的，不要问孔子怎么说，柏拉图怎么说，康德怎么说；我们需要先从研究事实下手，凡游历、调查、统计等事都属于此项。

第二注重假设。单研究事实，算不得科学方法；王阳明对着庭前的竹子做了七天的"格物"功夫，格不出什么道理来，反病倒了，这是笨伯的"格物"方法；科学家最重"假设"（Hypohesis）。观察事物之后，自然有几个假定的意思；我们应该把每一个假设所含的意义彻底想出，看那意义是否可以解释所观察的事实？是否可以解决所遇的疑难？所以要博学，正是因为博学方才可以有许多假设，学问只是供给我们种种假设的来源。

第三注重证实。许多假设之中，我们挑出一个，认为最合用的假设；但是这个假设是否真正合用？必须实地证明。有时候，证实是很容易的；有时候，必须用"试验"方才可以证实。证实了的假设，方可说是"真"的，方才可用；一切古人今人的主张、东哲西哲的学说，若不曾经过这一层证实的工夫，只可作为待证的假设，不配认作真理。

少年的中国，中国的少年，不可不时时刻刻保存这种科学的方法，实验的态度。

二、少年中国的人生观

现在中国有几种人生观都是"少年中国"的仇敌：第一种是醉生梦死的无意识生活，固然不消说了；第二种是退缩的人生观，如静坐会的人，如坐禅学佛的人，都只是消极的缩头主义；这些人没有生活的胆子，不敢冒险，只求平安，所以变成一帮退缩懦夫；第三种是野心的投机主义，这种人虽不退缩，但为完全自己的私利起见，所以他们不惜利用他人，作他们自己的器具，不惜牺牲别人的人格和自己的人格，来满足自己的野心；到了紧要关头，不惜作伪，不惜作恶，不顾社会的公共幸福，以求达他们自己的目的。这三种人生观都是我们该反对的。少年中国的人生观，依我个人看来，该有下列的几种要素：

第一须有批评的精神。一切习惯、风俗、制度的改良，都起于一点批评的眼光；个人的行为和社会的习俗，都最容易陷入机械的习惯，到了"机械的习惯"的时代，样样事都不知不觉地做去，全不理会何以要这样做，只晓得人家都这样做，故我也这样做；这样的个人便成了无意识的两脚机器，这样的社会便成了无生气的守旧社会，我们如果发愿要造成少年的中国，第一步便须有一种批评的精神；批评的精神不是别的，就是随时随地都要问我为什么要这样做？为什么不那样做？

第二须有冒险进取的精神。我们需要认定这个世界是很多危险的，是不太平的，是需要冒险的；世界的缺点很多，是要我们来补救的；世界的痛苦很多，是要我们来减少的；世界的危险很多，是要我们来冒险进取的，俗话说得好："成人不自在，自在不成人。"我们要做一个人，岂可贪图自在；我们要想造一个"少年的中国"，岂可不冒险；这个世界是给我们活动的大舞台，我们既上了台，便应该老着面皮，硬着头皮，大着胆子，干将起来；那些缩进后台去静坐的人都是懦夫，那些袖着双手只会看戏的人，也都是懦夫；这个世界岂是给我们静坐旁观的吗？那些厌恶这个世界、梦想超生别的世界的人，更是懦夫，不用说了。

第三需要有社会协进的观念。上条所说的冒险进取，并不是野心的自私自利的；我们既认定这个世界是给我们活动的，又须认定人类的生活全是社会的生活，社会是有机的组织，全体影响个人，个人影响全体，社会的活动是互助的，你靠他帮忙，他靠你帮忙，我又靠你同他帮忙，你同他又靠我帮忙；你少说了一句话，我或者不是我现在的样子，我多尽了一分力，你或者也不是你现在这个样子，我和你多尽了一分力，或少做了一点事，社会的全体也许不是现在这个样子，这便是社会协进的观念。有这个观念，我们自然把人人都看作通力合作的伴侣，自然会尊重人人的人格了；有这个观念，我们自然觉得我们的一举一动都和社会有关，自然不肯为社会造恶因，自然要努力为社会种善果，自然不致变成自私自利的野心投机家了。

少年的中国，中国的少年，不可不时时刻刻保存这种批评的、冒险进取的、社会的人生观。

三、少年中国的精神

少年中国的精神并不是别的，就是上文所说的逻辑和人生观；我且说一件故事做我这番谈话的结论：诸君读过英国史的，一定知道英国前世纪有一种宗教革新的运动，历史上称为"牛津运动"（The Oxford Movement），这种运动的几个领袖如客白尔（Keble）、纽曼（Newman）、福鲁德（Froude）诸人，痛恨英国国教的腐败，想大大地改革一番；这个运动未起事之先，这几位领袖做了一些宗教性的诗歌写在一个册子上，纽曼摘了一句荷马的诗题在册子上，那句诗是："You shall see the diference now that we are back again！"翻译出来即是："如今我们回来了，你们看便不同了！"

少年的中国，中国的少年，我们也该时时刻刻记着这句话：

如今我们回来了，你们看便不同了！

这便是少年中国的精神。

北京大学 5 0 周年校庆演说

胡适

北京大学今年整五十岁了，在世界的大学之中，这个五十岁的大学只能算一个小孩子。欧洲最古老的大学，如意大利的萨劳诺（Salerno）大学是一千年前创立的；如意大利的波罗那（Bologna）大学是九百年前创立的。如法国的巴黎大学是八百多年前一两位大师创立的。如英国的牛津大学也有八百年的历史了，康桥大学也有七百多年的历史了。今年四月中，捷克都城的加罗林大学庆祝六百年纪念。再过十六年，波兰的克拉可（Cracow）大学，奥国的维也纳大学都要庆祝六百年纪念了。全欧洲大概至少有50个大学是五百年前创立的。

在12年前，我曾参加美国哈佛大学的三百年纪念；八年前，我曾参加美国彭州大学（University of Pennsylvania）的二百年纪念。去年到今年，普林斯顿（Princeton）大学补祝二百年纪念，清华、北大都有代表参加。再过三年，耶尔大学要庆祝二百五十年纪念了。美国独立建国不过是一百六七十年前的事，可是这个新国家里满二百年的大学已有好几个。

所以在世界大学的发达史上，刚满五十岁的北京大学真是一个小弟弟，怎么配发帖子做生日，惊动朋友赶来道喜呢！

我曾说过，北京大学是历代"太学"的正式继承者，如北大真想用年岁来压倒人，它可以追溯"太学"起于汉武帝元朔五年（西历纪元前124年）公孙弘奏请为博士设弟子员五十人。那是历史上可信的"太学"的起源，到今年是两千零七十二年了。这就比世界上任何大学都年高了！

但北京大学向来不愿意承认是汉武帝以来太学的继承人，不愿意卖弄那两千多年的高寿。自从我到了北大之后，我记得民国十二年（1923）北大纪念二十五周年，廿七年纪念四十周年，都是承认戊戌年是创立之年（北大也可以追溯到同治初年同文馆的设立，那也可以把校史拉长二十多年。但北大好像有个坚定的遗规，只承认戊戌年"大学堂"的设立是北大历史的开始）。

这个小弟弟年纪虽不大，着实有点志气！他在这区区五十年之中，已经过了许多次的大灾难，吃过了不少的苦头。他是"戊戌新政"的产儿，但他还没生下地，那百日的新政早已短命死了，他就成了"新政"遗腹子。他还不满两周岁，就遇着义和拳的大乱，牺牲了两年的生命。辛亥革命起来时，他还只是一个十三岁的小孩子。民国成立的初期，他也受了政治波浪的影响，换了许多次校长。直到蔡元培、蒋梦麟两位先生相继主持北大的三十年之中，北大才开始养成一点持续性，才开始造成一个持续发展的学术中心。可是在这三十年之中，北大也经过不少的灾难。北大的三十周年（1928）纪念时，他也变成北平大学的一个学院了。他的四十周年（1938）纪念是在昆明流离时期举行的。

我今天要特别叙说北大遭遇的最大的一次危机，并且要叙述北大应付那危机的态度。

话说民国二十年一月，蒋梦麟先生受了政府的新任命，回到北大来做校长。他有中兴北大的决心，又得到了中华教育文化基金董事会的研究合作费国币一百万元的援助，所以他能放手做去，向全国去挑选教授与研究的人才。他是一个理想的校长，有魄力，有担当，他对我们三个院长说："辞退旧人，我去做；选聘新人，你们去做。"

蒋校长和他的同事们费了整整八个月的工夫筹备北大的革新。我们准备九月十七日开学，全国教育界也颇注意北大的中兴，都预料九月十七日北大的新阵容确可以"旌旗变色"，建立一个"新北大"的底子。

民国二十年（1931）九月十七日，新北大开学了。蒋校长和全校师生都很高兴。可怜第二天就是"九一八"！那晚上日本的军人在沈阳闹出了一件震惊全世界的事件，造成了第二次世界大战的序幕！

我们北大同人只享受了两天的高兴。九月十九早晨我们知道了沈阳的大祸，我们都知道空前的国难已到了我们的头上，我们的敌人决不容许我们从容努力建设一个新的国家。我们那八个月辛苦筹备的"新北大"，不久也就要被摧毁了！

但我们在那个时候，都感觉一种新的兴奋，都打定主意，不顾一切，要努力把这个学校办好，努力给北大打下一个坚实可靠的基础。所以北大在那最初六年的国难之中，工作最勤，从没有间断。现在的地质馆、图书馆、女生宿舍都是那个时期里建筑的。现在北大的许多白发教授，都是那个时期埋头苦干的少壮教授。

我讲这段故事，是要说明北大这个多灾多难的孩子实在有点志气，能够在很危险、很艰苦的情形之下努力做工，努力奋斗。

我觉得这个"国难六年中继续苦干"的故事在今日是值得我们北大全体师生记忆回念的——也许比"五四""六三"等等故事还更有意味。

现在我们又在很危险很艰苦的环境里给北大做五十岁生日，我用很沉重的心情叙述他多灾多难的历史，祝福他长寿康强，祝他能安全地度过眼前的危难正如同他度过五十年中许多次危难一样！

论青年

朱自清[*]

　　冯友兰先生在《新事论·赞中华》篇里第一次指出现在一般人对于青年的估价超过老年之上。这扼要的说明了我们的时代。这是青年时代，而这时代该从五四运动开始。从那时起，青年人才抬起了头，发现了自己，不再仅仅的做祖父母的孙子，父母的儿子，社会的小孩子。他们发现了自己，发现了自己的群，发现了自己和自己的群的力量。他们跟传统斗争，跟社会斗争，不断地在争取自己领导权甚至社会领导权，要名副其实地做新中国的主人。但是，像一切时代一切社会一样，中国的领导权掌握在老年人和中年人的手里，特别是中年人的手里。于是乎来了青年的反抗，在学校里反抗师长，在社会上反抗统治者。他们反抗传统和纪律，用怠工，有时也用挺击。中年统治者记得五四以前青年的沉静，觉着现在青年爱捣乱，惹麻烦，第一步打算压制下去。可是不成。于是乎敷衍下去。敷衍到了难以收拾的地步，来了集体训练，开出新局面，可是还得等着瞧呢。

　　青年反抗传统，反抗社会，自古已然，只是一向他们低头受

　　—————————

[*] 朱自清（1898—1948），原名自华，号实秋，后改名自清，字佩弦。中国现代散文家、诗人、学者、民主战士。1920年毕业于北京大学哲学系。1925年起一直在清华学校、清华大学任教，曾任中文系教授、系主任、图书馆馆长。

压，使不出大力气，见得沉静罢了。家庭里父代和子代闹别扭是常见的，正是压制与反抗的征象。政治上也有老少两代的斗争，汉朝的贾谊到戊戌六君子，例子并不少。中年人总是在统治的地位，老年人势力足以影响他们的地位时，就是老年时代，青年人势力足以影响他们的地位时，就是青年时代。老年和青年的势力互为消长，中年人却总是在位，因此无所谓中年时代。老年人在衰朽，是过去，青年人还幼稚，是将来，占有现在的只是中年人。他们一面得安慰老年人，培植青年人，一面也在讥笑前者，烦厌后者。安慰还是顺的，培植却常是逆的，所以更难。培植是凭中年人的学识经验做标准，大致要养成有为有守爱人爱物的中国人。青年却恨这种切近的典型的标准妨碍他们飞跃的理想。他们不甘心在理想还未疲倦的时候就被压进典型里去，所以总是挣扎着，在憧憬那海阔天空的境界。中年人不能了解青年人为什么总爱旁逸斜出不走正路，说是时代病，其实这倒是成德达材的大路；压迫着，挣扎着，材德的达成就在这两种力的平衡里。这两种力永恒的一步步平衡着，自古已然，不过现在更其表面化罢了。

青年人爱说自己是"天真的""纯洁的"。但是看看这时代，老练的青年可真不少。老练却只是工于自谋，到了临大事，决大疑，似乎又见得幼稚了。青年要求进步，要求改革，自然很好，他们有的是奋斗的力量。不过大处着眼难，小处下手易，他们的饱满的精力也许终于只用在自己的物质的改革跟进步上；于是骄奢淫逸，无所不为，有利无义，有我无人。中年里原也不缺少这种人，效率却赶不上青年的大。眼光小还可以有一步路，便是做自了汉，得过且过地活下去；或者更退一步，遇事消极，马马虎虎对付着，一点不认真。中年人这两种也够多的。可是青年时就染上这些习气，未老先衰，不免更教人毛骨悚然。所幸青年人容易回头，"浪子回头金不换"，不像中年人往往将错就错，一直沉到底里去。

青年人容易脱胎换骨改样子，是真可以自负之处；精力足，岁月长，前路宽，也是真可以自负之处。总之可能多。可能多倚仗就大，所以青年人狂。人说青年时候不狂，什么时候才狂？不错。但是这狂气到时候也得收拾一下，不然会忘其所以的。青年人爱讽刺，冷嘲热骂，一学就成，挥之不去；但是这只足以取快一时，久了也会无聊起来的。青年人骂中年人逃避现实，圆通，不奋斗，妥协，自有他们的道理。不过青年人有时候让现实笼罩住，伸不出头，张不开眼，只模糊地看到面前一段儿路，真是"前不见古人，后不见来者"。这又是小处。若是能够偶然到所谓"世界外之世界"里歇一下脚，也许可以将自己放大些。青年也有时候偏执不回，过去一度以为读书就不能救国就是的。那时蔡子民先生却指出"读书不忘救国，救国不忘读书"。这不是妥协，而是一种权衡轻重的圆通观。懂得这种圆通，就可以将自己放平些。能够放大自己，放平自己，才有真正的"工作与严肃"，这里就需要奋斗了。

蔡子民先生不愧人师，青年还是需要人师。用不着满口仁义道德，道貌岸然，也用不着一手摊经，一手握剑，只要认真而亲切地服务，就是人师。但是这些人得组织起来，通力合作。讲情理，可是不敷衍，重诱导，可还归到守法上。不靠婆婆妈妈气去乞怜青年人，不靠甜言蜜语去买好青年人，也不靠刀子手枪去示威青年人。只言行一致后，先一致的按着应该做的放胆放手做去。不过基础得打在学校里；学校不妨尽量社会化，青年训练却还是得在学校里。学校好像实验室，可以严格的计划着进行一切；可不是温室，除非让它堕落到那地步。训练该注重集体的，集体训练好，个体也会改样子。人说教师只消传授知识就好，学生做人，该自己磨炼去。但是得先有集体训练，教青年有胆量帮助人，制裁人，然后才可以让他们自己磨炼去。这种集体训练的大任，得教师担当起来。现行的导师制注重个别指导，琐碎而难实践，不如缓办，让大家集中力量到集体训练上。学校以外倒是先有了集中训练，从集中军训起头，跟着来了各种训练班。前者似乎太单纯了，效果和预期差得多，后者好像还差不多。不过训练班至多只是百尺竿头更进一步，培植根基还得在学校里。在青年时代，学校的使命更重大了，中年教师的责任也更重大了，他们得任劳任怨地领导一群群青年人走上那成德达材的大路。